إهداء :

أهدي هذا الكتاب لكل الأهل والأقارب والأصدقاء

بكل قطان وذراع على الأرض

حسام حمدان .

كفرراعي/بوسطن

٢٠٢٣/١٠/١٤

تمهيد

كل قصيدة أعتبرها جزء من أو قطان بحاله.

وبين القصائد سناسل متراوحة الطول والارتفاع.

المشاعر والذكريات والحنين قطاين بينهما سناسل.

الحياة قطاين، وذرعان فيها رجوم وصوامع وبينهم
سناسل وحبايل مليئة بذكريات ومشاعر وحنين.

قَطايِنْ

قَطايِنْ حَوْلَ الَّدارْ

أَنْ نَهَّقَ الحِمارْ فَإِنَّهُ رَأى شَيْطانًا

أَنْ صَاحَ الّديكْ فَإِنَّهُ رَأى مَلَكاً

بَعْضُ الأصواتِ رُؤْيا وَعْيٌ قَدْ يُغَيِّرُ الأقْدارْ

حسام حمدان

كفر راعي / بوسطن

٢٠٢٣/٩/١٨

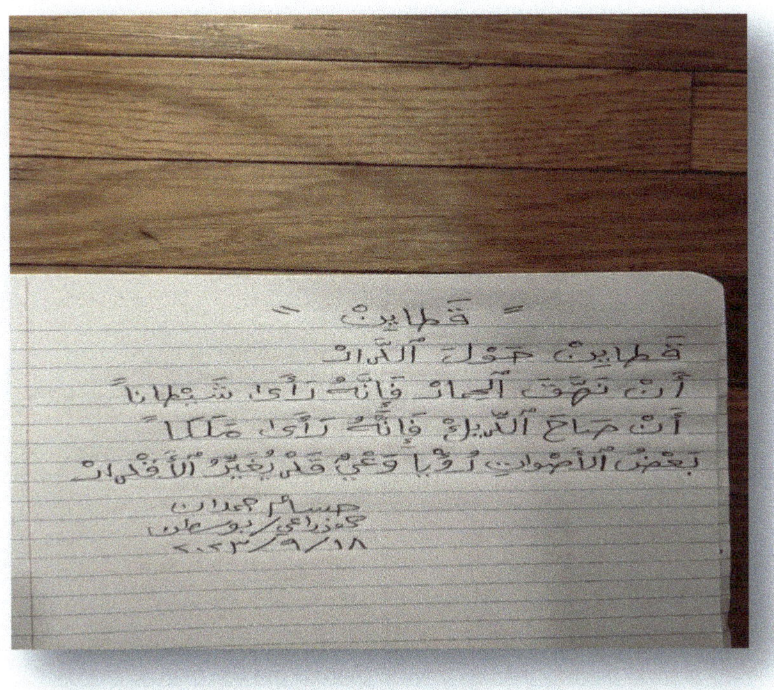
= قطايين =
قطايين حقول الزّيتون
أن تفتّش الجمال فإنّك رأيت شيطانا
أن صاع النّبرة فإنّك رأيت ملكا
بعض الأصوات رؤى وعي قد يغيّر الأفكار
حسام معدان
حوزراعي / بوطنه
٢٠٢٣/٩/١٨

وَلُوجْ

بحَسْحِسْ بلَحْوِسْ بحوسْ

ضَوَّةْ فَانوسْ الِمنْحوسْ بُوكِلْ مَكْبوسْ

اللِّيلْ عَسْعَسْ وُالنهّارْ تَنَفّسْ عَلى مِقْثاهْ فَقُّوسْ

حسام حمدان

كفر راعي / بوسطن

٢٠٢٣/٩/١٣

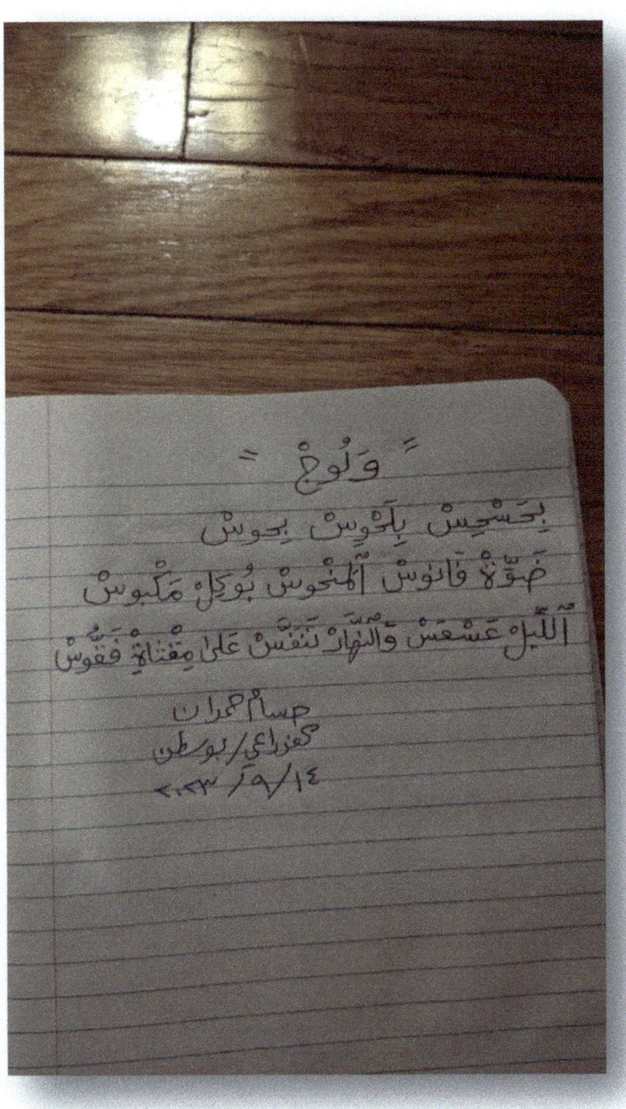

" وَلُوجٌ "

يَخْشِيشْ بِأَخْوِيسْ بِحُوشْ
ضَحْقَة وَانُوسْ المَنْحُوسْ بُوكِلْ مَكْبُوسْ
اللَّيْلْ عَشْعَشْ والنَّهارْ تَنَفَّسْ عَلى مِفْتاحُ فُقُوسْ

حسام حمران
كفرزاعي / بوطن
٢٠٢٣ م ٩/١٤

غِبْطَةٌ

مَا دَامْ عِنْدُكَ بَابْ تَسُدُّ وَشُبَّاكْ تَفْتَحُ

انْتَ بِخَيْرٍ وَأَنْتَ مُخَيَّرُ

لَكِنَّكَ اَدْرِكُ الفَرْقُ هَوَاءُ اَمْ رِيحُ

تَرْتاحُ وَيَرْتاحُ مَنْ بِغِبْطَةٍ خَيْرُ

حسام حمدان

كفر راعي / بوسطن

٢٠٢٣/٩/٦

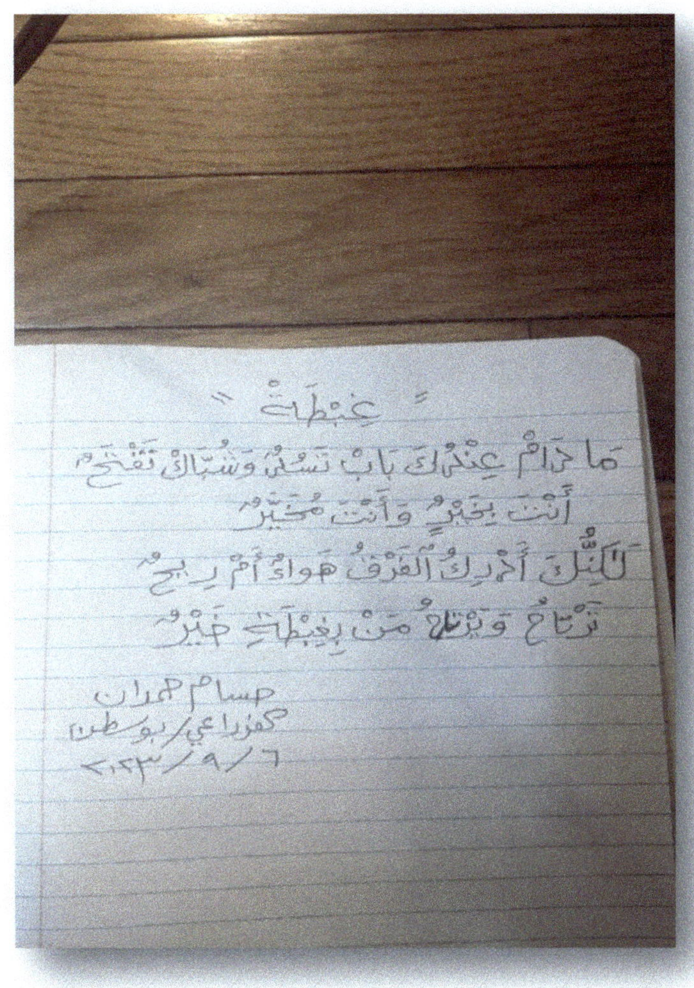

" غِبْطَة "
مَا دَامَ عِنْدَك بَابٌ تَسْعَى وَشُبَّاكٌ تَفْتَحُ
أَنْتَ بِخَيْرٍ وَأَنْتَ مُخَيَّرٌ
لَكِنْ أَدْرِك الْفَرْقَ هَوَاءٌ أَمْ رِيحٌ
نَرْتَاحُ وَنَرْتَاحُ مَنْ يَغْبِطْكَ خَيْرٌ

حسام مهران
كمرزاعي / بوطن
٢٠٢٣ / ٩ / ٦

وَزِيرْ

وَزِيرْ بالحبلِ غَرَفَ بالكَيل شَرِبَ مَيَّةِ زِيرْ

تَنَحْنَحَ زُورُه مَا يَشْهَىُ زُورِ مَيَّلْ عَالبِيرْ

طَافِحِ شَافْ خَيالُهْ لاَ داعي لَتَسْعيَرِةِ تَعَسيرْ

حسام حمدان

كفر راعي / بوسطن

٢٠٢٣/٩/٧

وَزِير

وَزِير بِالخَيل غَرَف بِالكَيل شَرِب مَيّة زِير
تَنْخَج نُورُه ما يَشفَن زُور مَيّا عَالبِير
طافِح شاف خيالُه لا دراعي تَشعِبَرَه تَفسِير

حسام حمدان
كفرزراعي / بوسطن
٢٠٢٣ / ٩ / ٧

مَرْحَبْتينْ

شُو بِدِّي فِي الطَّريقَ الوَساعْ

خَلِّيني عَمَهْلِ زِقاقْ اتَلَفَّتُ بِثَناياهِ الوَداعْ

مَرْحَبْتينْ تَصِنُّ بالأُذْنِ سَماعْ

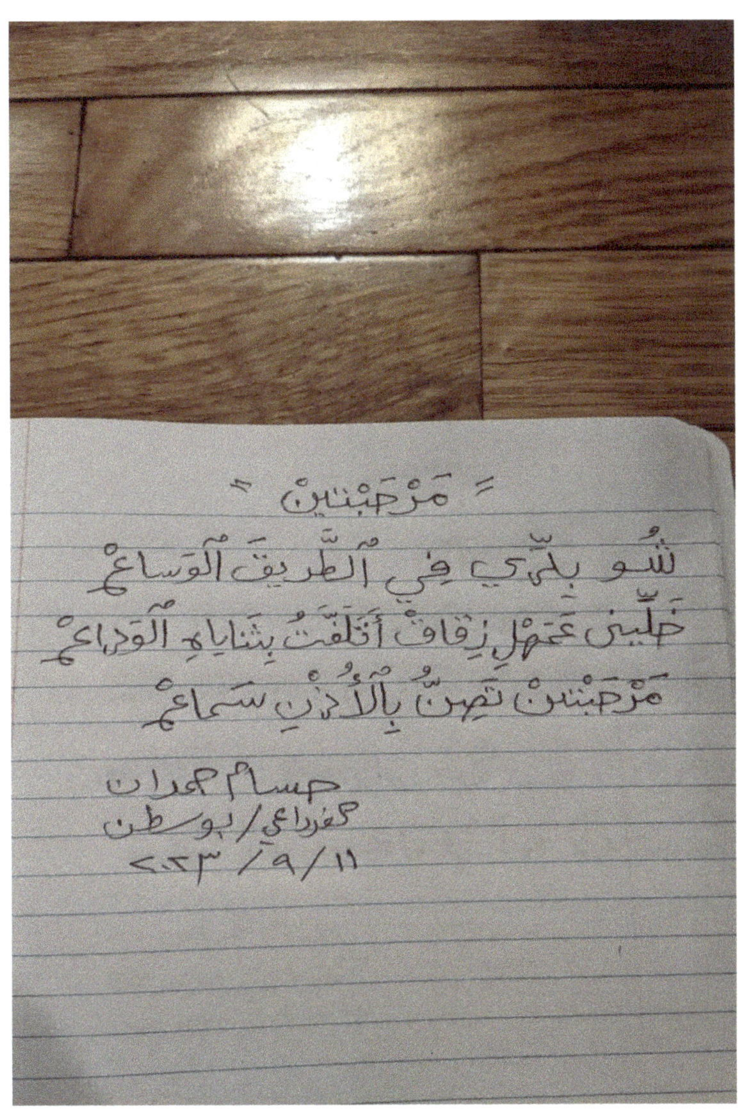

= مَرْحَبْتِين =
شُو بَدِّي في الطَّرِيق الوَسَاع
خَلِّيني عَمْهِل زْقَاق أَتَلَفَّت بِثَناياه الوَدَاع
مَرْحَبْتِين تْصِرّ بالأُذُن سَمَاع

حسام حمدان
كفرداعي / بوطن
١١/ ٩/ ٢٣

طُلُقْ

لا مِنَ الأغْصانِ وَالرَّفافيع

طُلُقْ طَلَعَ مِنَ القُرْمِيَّةِ رَفيعاً

دِيرْ بَالَكْ عَلَيْهِ دَعْهُ رَفيقاً يَنْمو حُرّاً طَليقاً

حسام حمدان

كفر راعي / بوسطن

٢٠٢٣/٨/١٥

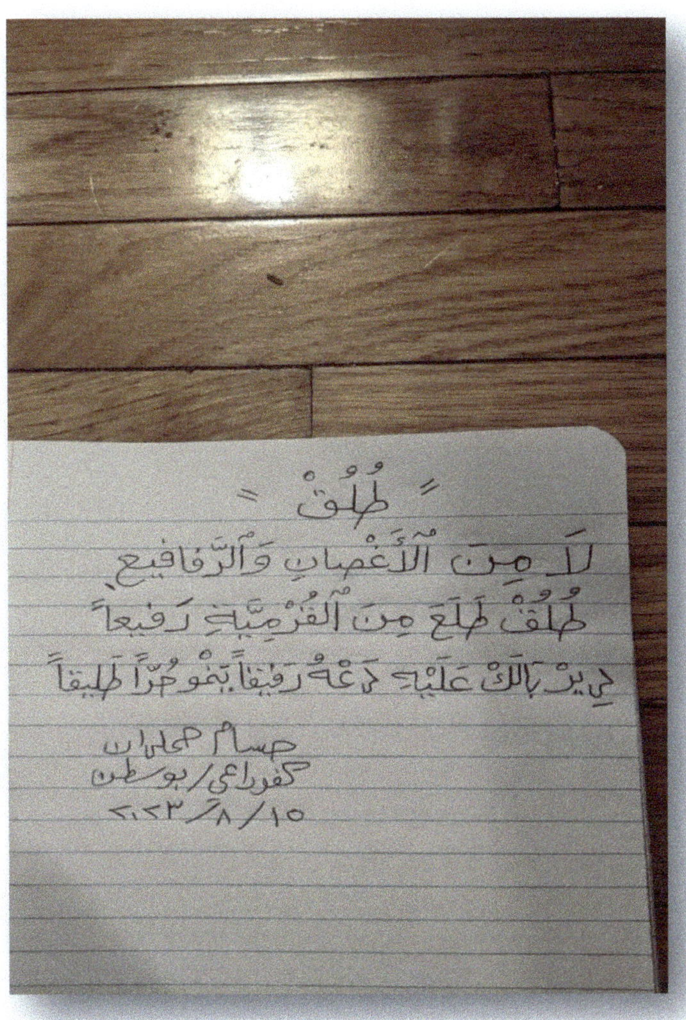

= طُلُق =
لَا مِنَ الأَغْصَانِ وَالرَّفافِيع
طُلُقٌ طَلَعَ مِنَ القُرْمِيَّةِ رَفيعاً
حَيْثُ باللَّهِ عَلَيْهِ دَغْعَهُ رفيقاً يَنْمُو حُرّاً طَليقاً

حسام حمدان
كفرداعى / بوطن
٢٠٢٣ / ٨ / ١٥

قُدَّامَكْ وَراك

لَكَ إللِّي قُدَّامَكَ وَنِصْفُ لَفَّةٍ عَلى جَنْبِيكْ

وَراكَ لَهُ ظَهْرَكَ وَكَفى رَأْسَكَ زُنْبَرَقْ فِتْرينْ

فَكُّ رَقبةٍ فَكَّ عُقْدَةَ التَّلَفُّتِ وَحَرَّرَ عَينْ

حسام حمدان

كفر راعي / بوسطن

٢٠٢٣/٨/١٩

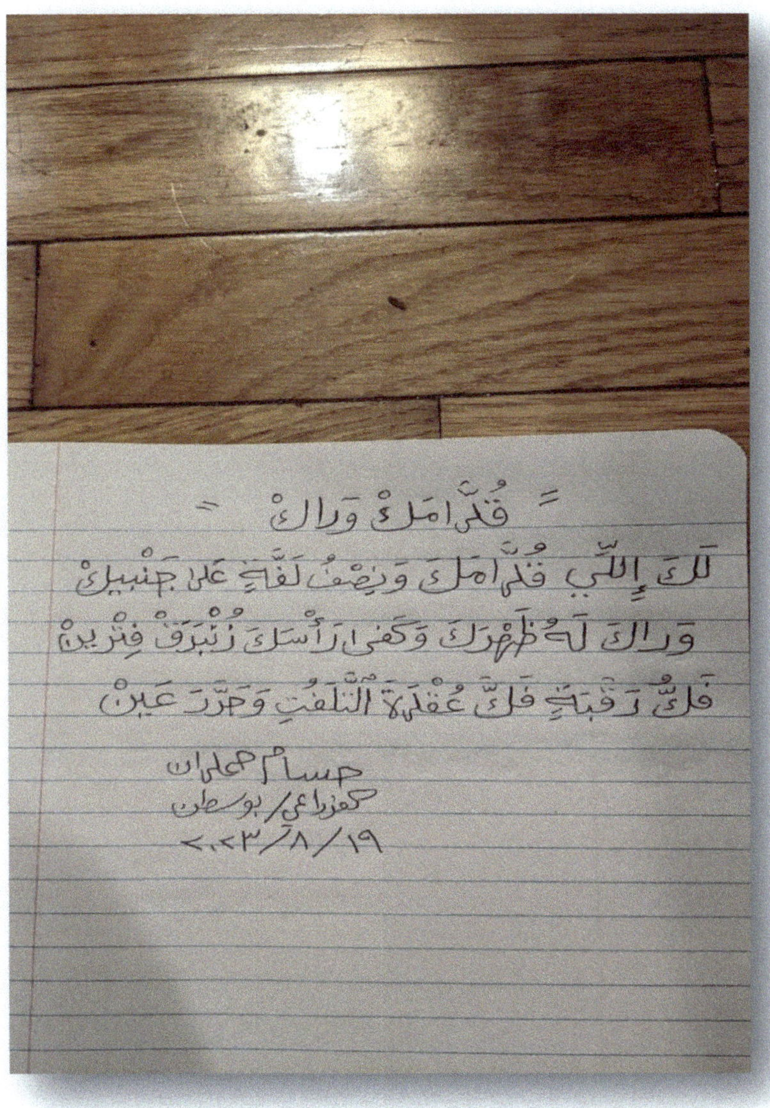

= فِدًى أَمَلْ وَرَاكْ =

لَكِ إِللِّي فِدًى أَمَلِ وَنِصْفُ لَقَاءٍ عَلَى جَنْبَيْكِ
وَرَاكِ آهٍ ظَهْرَكِ وَكَفَى رَأْسِكِ زُبَرَقْ فِتْرِينْ
فَلَكِ رَقَبَةٍ فَلَكِ عُقْدَةِ النَّلَفْتِ وَحَرَّرَ عَيْنْ

حسام هعلان
حفرزراعي / بوطن
٢٠٢٣ / ٨ / ١٩

جَبَلْ

الرَّبُ يُحْيِي العِظامَ وَهِيَ رَميمٌ

وَأَنْتَ تُحْيِي القَلْبَ بالحُبِّ عَقيمٌ

مِنْهُ الرَّميمُ العَقيمُ ظَهَرَ ظَهْرٌ لَهُ قَديمٌ

حسام حمدان

كفر راعي / بوسطن

٢٠٢٣/٨/٢٣

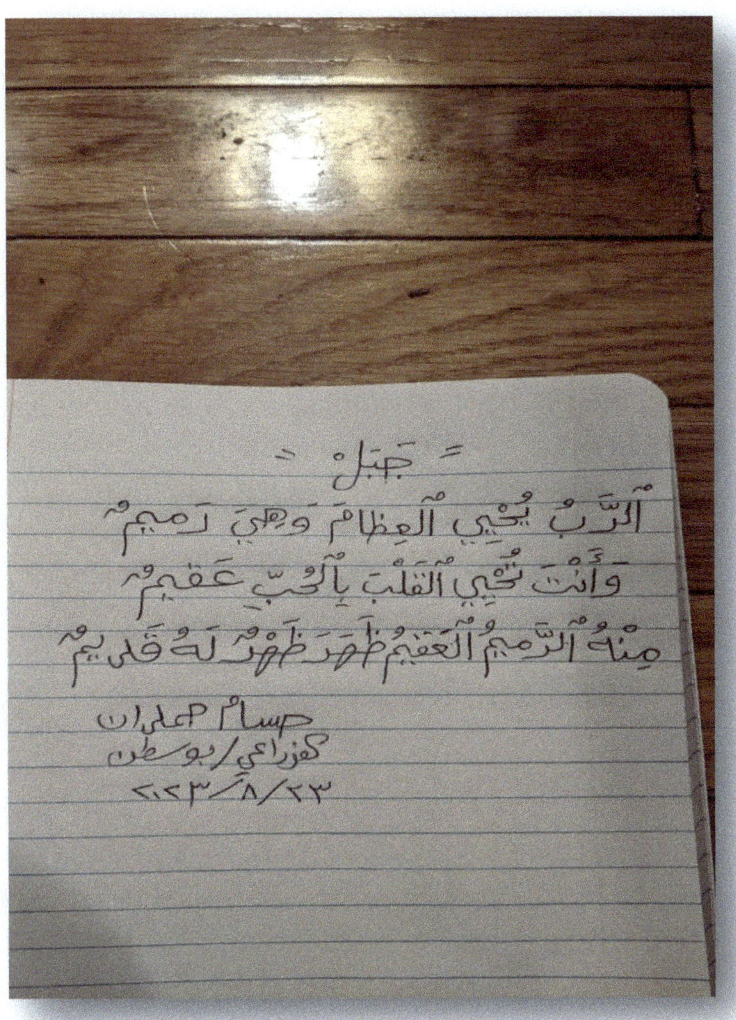

= جَبَل =
الرَّبُّ يُحيِي العِظامَ وهي رَميمٌ
وأنتَ تُحيِي القَلبَ بالحُبِّ عَقيمٌ
مِنَّ الرَّميمِ العَقيمِ ظهرَ ظُفرٌ لَهُ فِى يَمٌ
حسام عليان
كفراعي / بوطن
٢٠٢٣/٨/٢٣

طُيورْ

هكَذا الُّدوَلُ وَأَصْحابُ الوَصايا العَشَرُ

بِلَحْظَةٍ نُريدُ السَّلامُ وَالأمانُ وَحُبُّ البَشَرُ

ما أنْ غَابَتِ الشَّمسُ نَنَامُ وَنَصْحوا عَصَرْخَةِ الفَجْرُ

حسام حمدان

كفر راعي / بوسطن

٢٠٢٣/٨/٢١

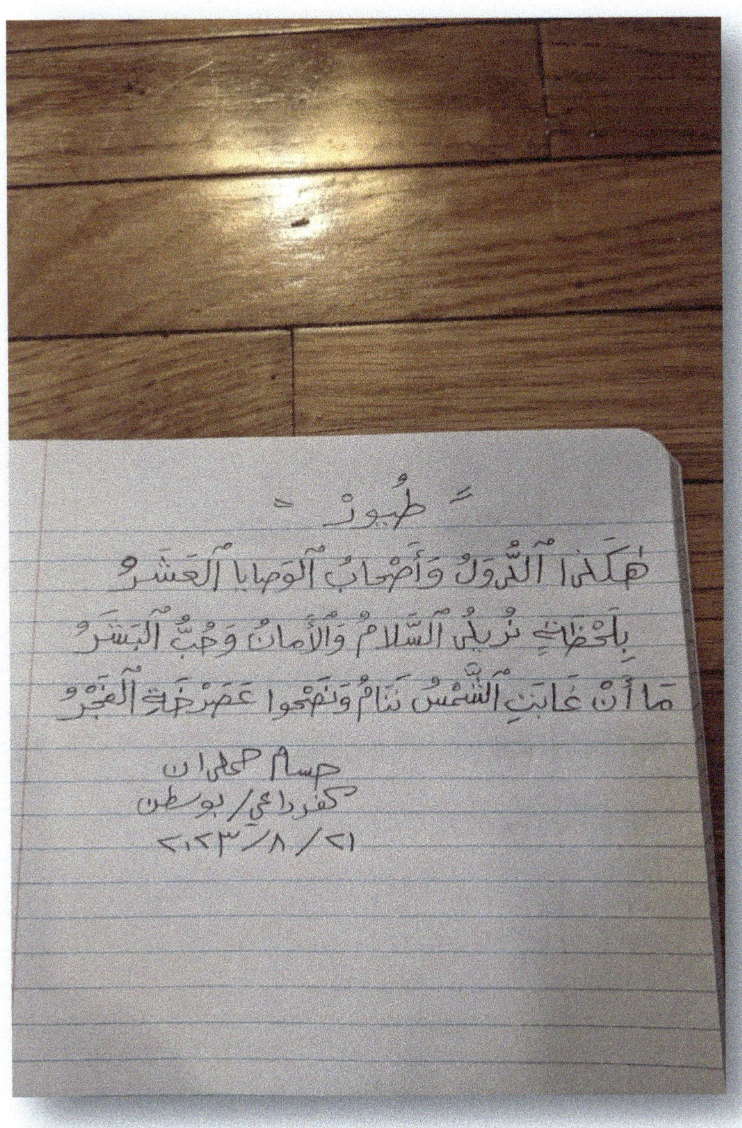

طُيور

حُكِمَنا النُّزولُ وأصحابُ الوَصايا العَشرُ
بِأَخْظانِ نُريدُ السَّلامُ والأمانُ وحُبُّ البَشَرُ
ما أنْ غابتِ الشَّمسُ نَنامُ ونُصبحوا عَصرُ غبارِ الفجرُ

حسام حطيان
كفرداعي / بوطن
٢٠٢٣ / ٨ / ٢١

حِلّوا عَنَّا

وينْ غَلِّتْكُمْ ؟

غَلِّتْكُمْ فُخَّارْ فُخَّارْ إطَبِّشْ بَعْضُهْ

لا مَكانَ لِقواويرِ الجَهَلةَ وَالفاسدينَ بِدِيارِنا

إرْحَلوا وَحِلّوا عَنَّا إرْحَلوا

حسام حمدان

كفر راعي / بوسطن

٢٠٢٣/٨/٢٧

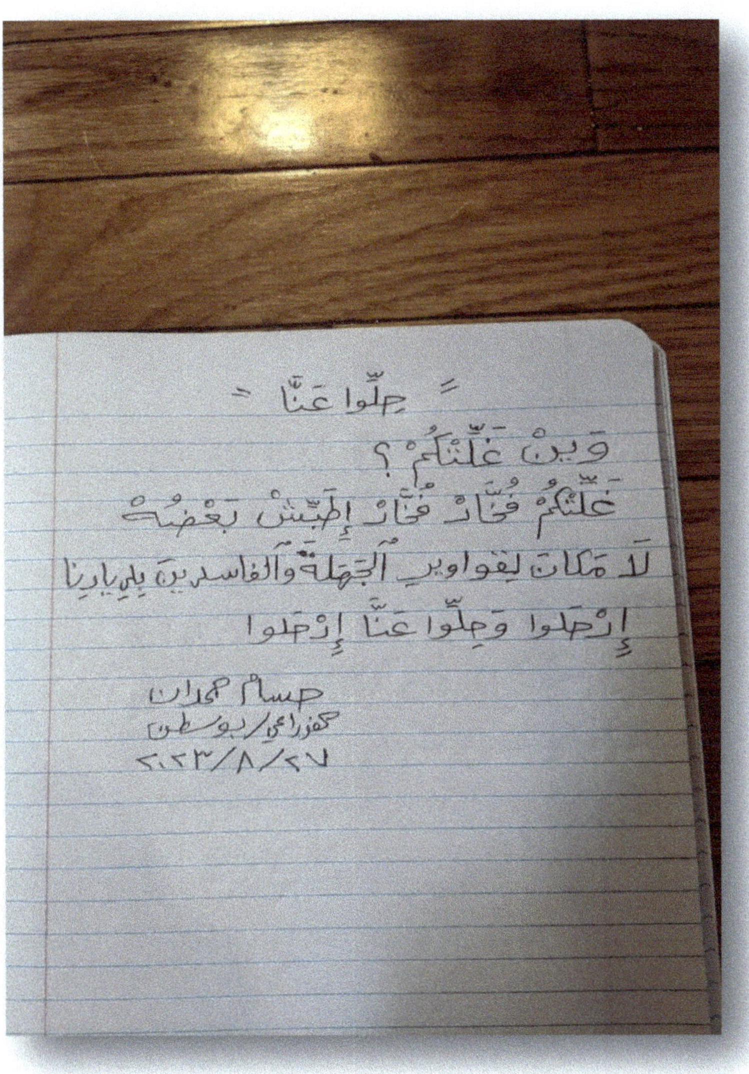
= ارحلوا عنّا =

وين غلّتكم؟
غلّتكم فخّان فخان الجيش بعضه
لا مكان لفواوير الجهلة والفاسدين يلّي بأرضنا
ارحلوا وجلّوا عنّا ارحلوا

حسام حمدان
كفرامي / بيروت
٢٠٢٣/٨/٢٧

قَمْحَةْ

طَبَعْتُ كَفِّي بِرَقَّةِ عَجِينِهْ

هذا الرَّغيفُ يَكْفِيني

بِالخَبْزِ ضُمَّتْ أصابِعْ قَمْحَةُ السَّنابِلْ تَعْنِيني

حسام حمدان

كفر راعي / بوسطن

٢٠٢٣/٨/١٢

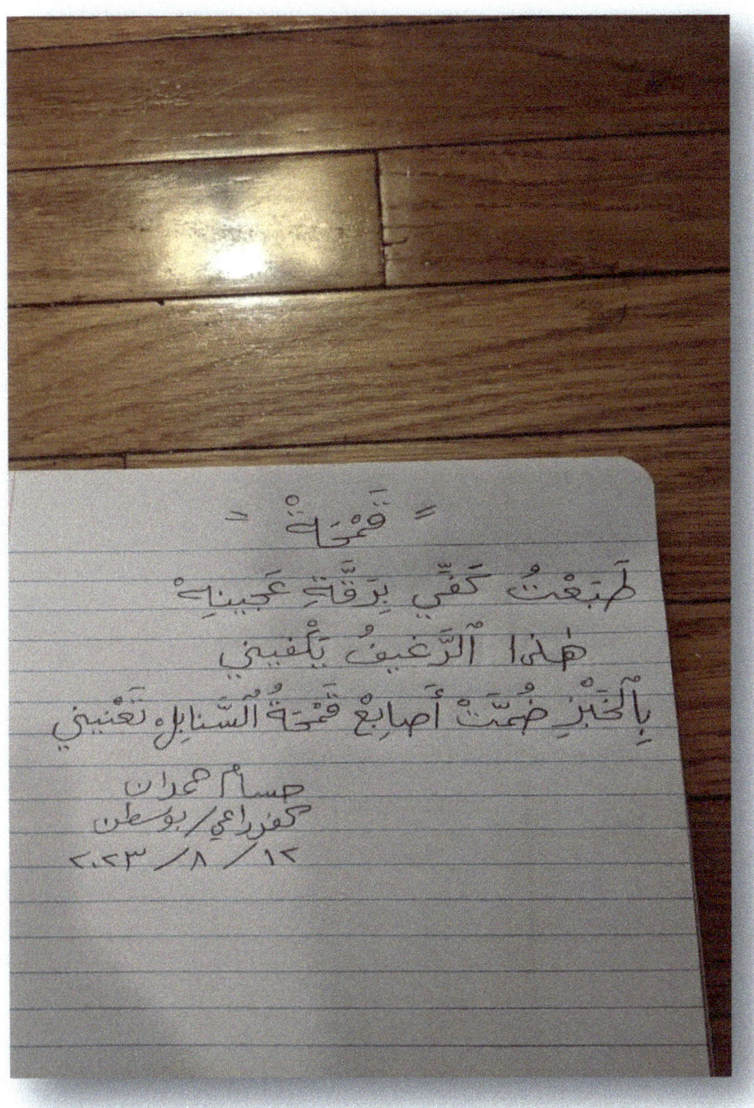

= قمحة =
اطمأنت كفي برقة عجينا
هذا الرغيف يكفيني
بالخبز ضمت أصابع قمحة السنابل تغنيني

حسام حمران
كفر راعي / بوسطن
٢٠٢٣ / ٨ / ١٢

بَلاءٌ

شَرَّعْ الباطِلُ مَصارِعَهُ

لَقِيَ الحَنينُ مَصْرَعَهُ

اليَدُ المُمْتَدَّةِ تُدَوِّرُ شِراعَ الغُرْبَةِ مَرْجِعَهُ

مَسْقَطُ الرأسِ بالحُفاةِ الرُّعاةِ تَعْثوا مَناصِبَهُ

حسام حمدان

كفر راعي / بوسطن

٢٠٢٣/٨/٣١

= بلاغ =

تَشَرْعَمَ الباطلُ مصارِعَه
لقِيَ الحنينُ مَقمَرَعَه
البُلى المُمتَنى لا تدورُ شِراعَ العَزيةِ مَرجِعَه
مَسقَطُ الرأسِ بالخفاءِ الرِّعايِ نغتوا مناسبتَه

حسام حمدان
كفرزراعي / بوسطن
٢٠٢٣ / ٨ / ٢١

زَمَكْ

عِيارْ عِيارْ عَصَفحِتُهْ

عَكَدِّ القَدْ زَمَكْ عَدْ طَلَقْ قَدْ يَقْتُلَكْ

أَحْياناً لا تَعْرِفُ الزَّمْك غَضَبْ أَمْ حَمَقْ

حسام حمدان

كفر راعي / بوسطن

٢٠٢٣/٨/٢

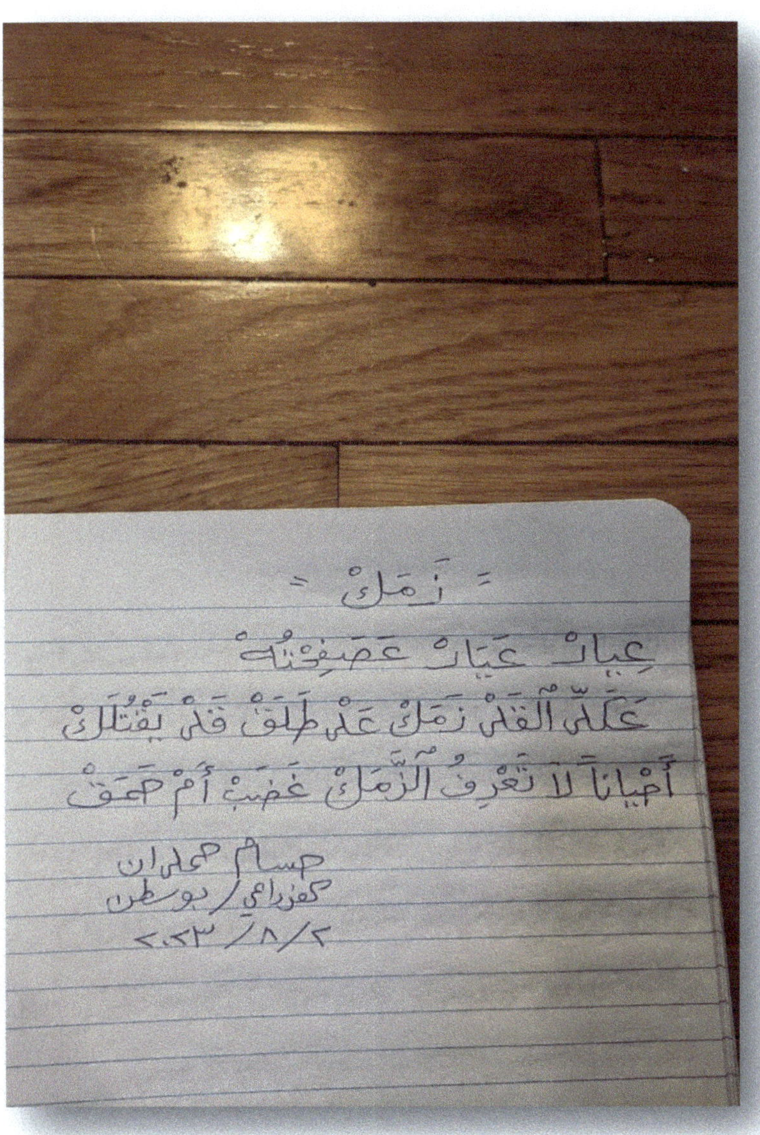

= زَمَنْ =

عِيانٌ عَيّانٌ عَصَفَتْهُ

عَلَى الْفَتَى زَمَنْ عَنْ طَلَقْ قَدْ يَقْتُلَنْ

أَحْيَاناً لَا تَعْرِفُ الزَّمَنْ غَضِبْ أَمْ حَقْ

حسام حمدان
كفرام / بوطن
٢٠٢٣ / ٨ / ٢

نَفْسْ

شَرَّعْتُ نَفْسِي أَفْلَحَتْ زَكِيَّةْ

عَفارِمْ عَليكْ تَحَرَّرَتْ شَقِيَّةْ

قَدْ أَفْلَحَ مَنْ زَكَّاها طَلْعِتْها بَهِيَّةْ

حسام حمدان

كفر راعي / بوسطن

٢٠٢٣/٨/٩

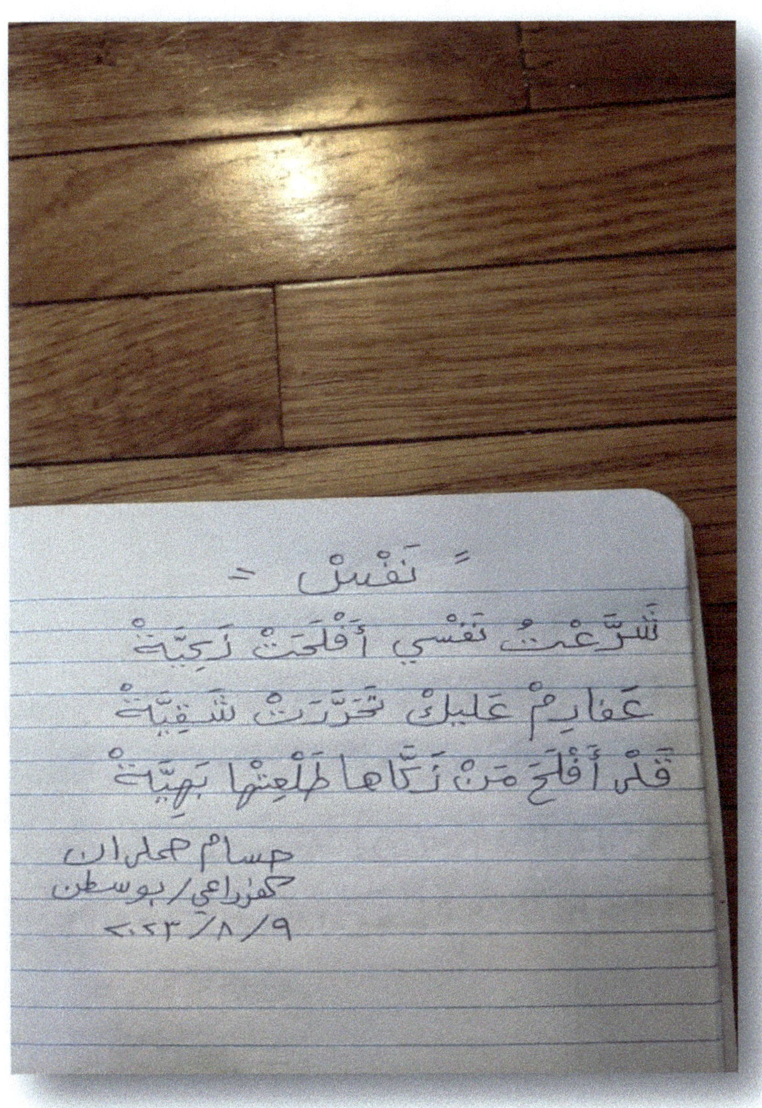

" نَفْسٌ "
شَرَعَتْ عَنْ نَفْسِي أَفْلَتَتْ زَكِيَّةٌ
عَفَارِمٌ عَلَيكِ تَحَرَّرَتْ شَقِيَّةٌ
قَدْ أَفْلَحَ مَنْ زَكَّاهَا طَلَعَتْهَا بَهِيَّةٌ

حسام محمد الان
كفرزراعي / بوسطن
٢٠٢٣/٨/٩

وِرْثَةٌ

أَرْضُنا وَأَرْضِنا أَرْضَنا

كَما وَرِثْناها عَنْ أُمَّهاتِنا أَبائِنا أَجْدادِنا

نُورِثُها لِأَبْنائِنا وَأَحْفادَنا

لَنْ نَبيعَها تَبْقى بَيْنَنا وَمِنَّا فِينا

حسام حمدان

كفر راعي / بوسطن

٢٠٢٣/٩/١٤

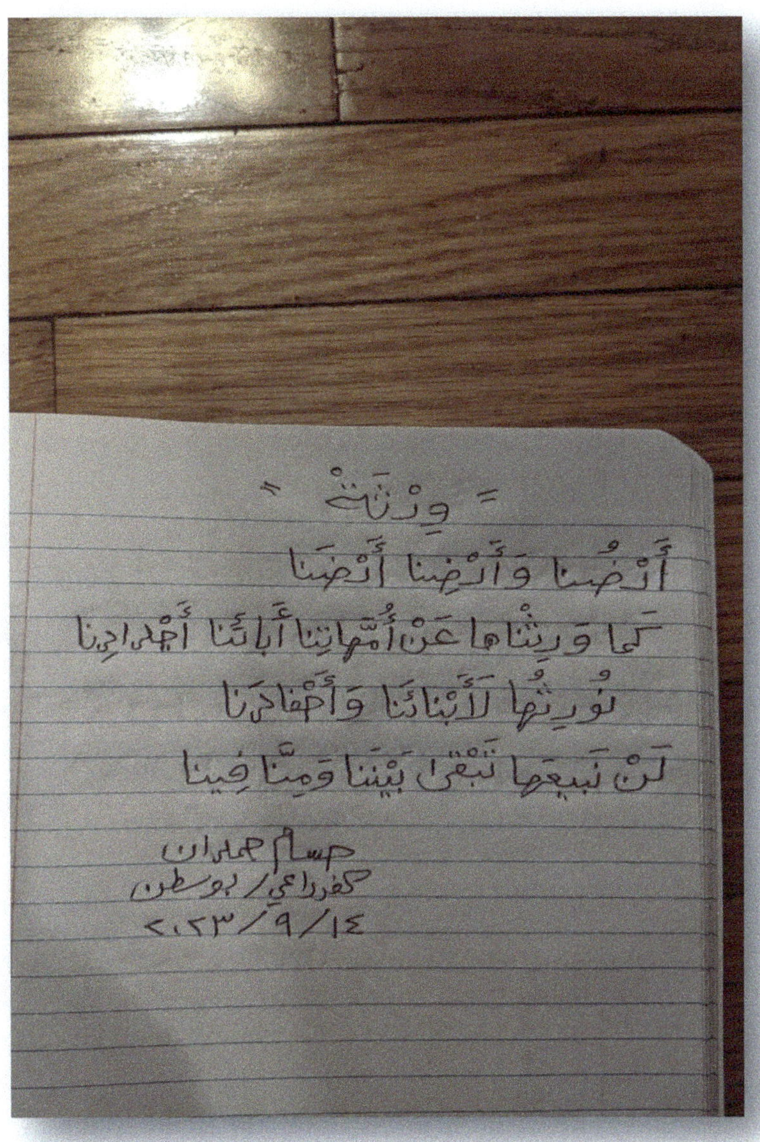

« وَطَنُنَا »
أَرْضُنَا وَأَرْضُنَا أَرْضُنَا
كَمَا وَرِثْنَاهَا عَنْ أُمَّهَاتِنَا آبَائِنَا أَجْدَادِنَا
نُوَرِّثُهَا لِأَبْنَائِنَا وَأَحْفَادِنَا
لَنْ نَبِيعَهَا تَبْقَى بَيْنَنَا وَمِنَّا فِينَا

حسام حمدان
كفر راعي / بوسطن
٢٠٢٣ / ٩ / ١٤

صُرْمايةْ

يا اقْشيطَكْ بَيَّاعِ الكَنادِرْ نَصَّابْ حَرامي

لَلْمَهْنْ بِسُجودِ المَساجِدْ إنْسَلْ حَافي

نضظَّفْهِنْ وَلَّمَعْهِنْ قَيسَةِ رِجْليكْ صُرْمايةْ مَصاري

حسام حمدان

كفر راعي / بوسطن

٢٠٢٣/٨/٢٠

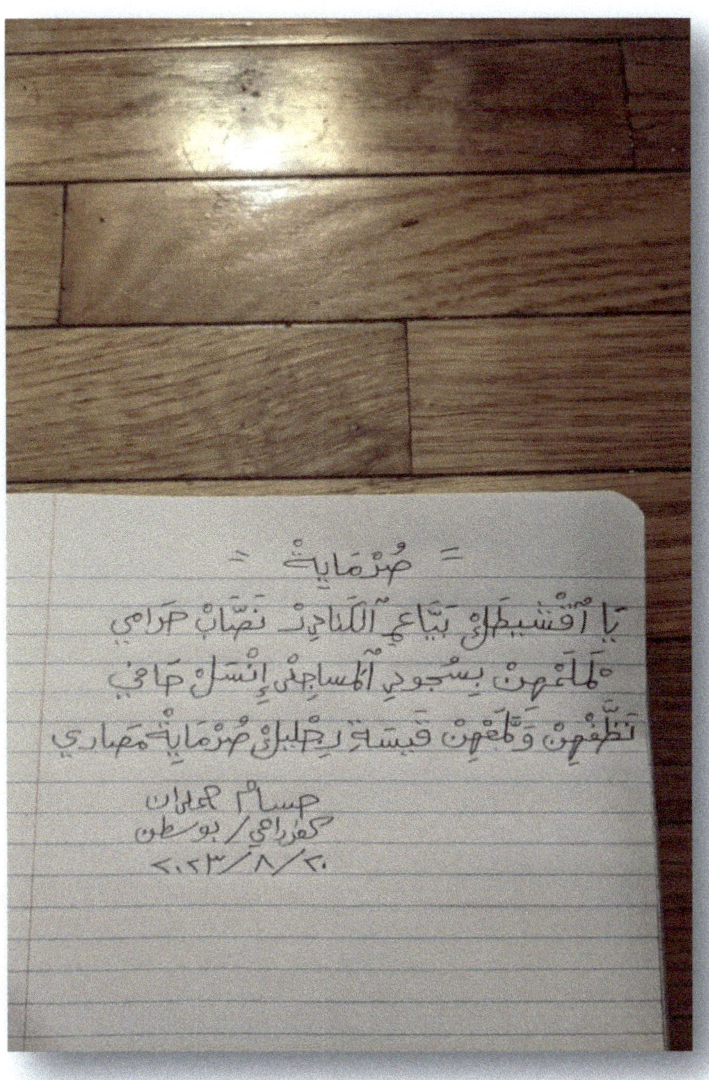

= صُرْمَايَة =
يا أقشيطان بتّاعم الكَنادِن نصّاب حَرامي
كلّاعهن بسجودي المساجِدي إنسان حامي
تنظّفهن وتّلعهن قيسة رجلين صُرمَايَة مصاري

حسام علوان
كفرام / بوطن
٢٠٢٣/٨/٢٠

إِلْتِفافْ

كَانوا أَحْبابْ

أنْياباً تَريدَهُمْ قَطيعاً تَقطَّعَتْ بهِمْ وَبَيْنَهُمْ الأسْبابْ

بالجُمْعَةِ صَلاتاً سَلاماً بنِسَبٍ وَإحْتِسابْ

ذُرْعاناً وَأكْتافاً إلْتِفافاً يَقظَةَ أنْسابْ

حسام حمدان

كفر راعي / بوسطن

٢٠٢٣/٧/٢٨

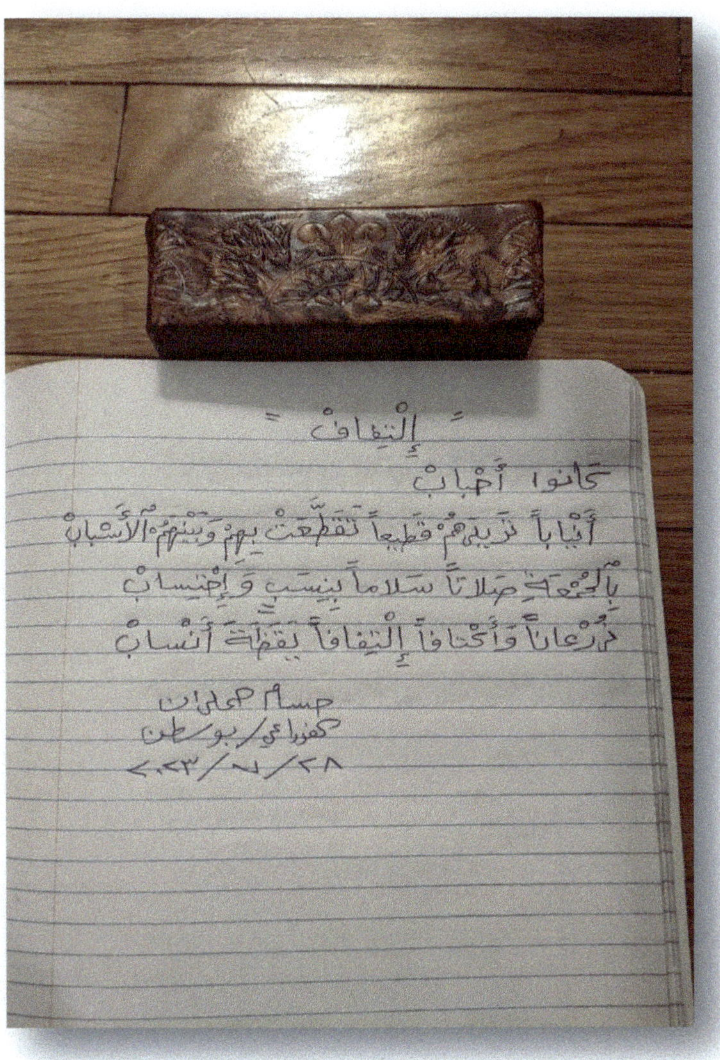

= التِّقاف =
كانوا أحباب
أنياباً تريبهم قطيعاً تقطعت بهم ويسمهم الأسبان
بالجمعة صلاةً سلاماً بنسب وإحسان
مرعاناً وأكتافاً التقافاً يقظةَ أنسان

حسام حميدان
كفرزيتا / بوطن
٢٠٢٣ / ٦ / ٢٨

فَاكِهَةٌ

بالفَمِّ لَذيذْ دِلُّوني عَليهْ رَطْبُهْ بِنَقِّطْ

بِثُلَّةِ أصَابِعْ يَتَدَلَّعْ المِسْتوي تَمَهَّلْ يقَطْفُهْ

بالصَّيْفِ عِنَبا جَعَلَ جَفافْ الغَلَبَةِ نَعْشَةَ غُلْبا

حسام حمدان

كفر راعي / بوسطن

٢٠٢٣/٨/٥

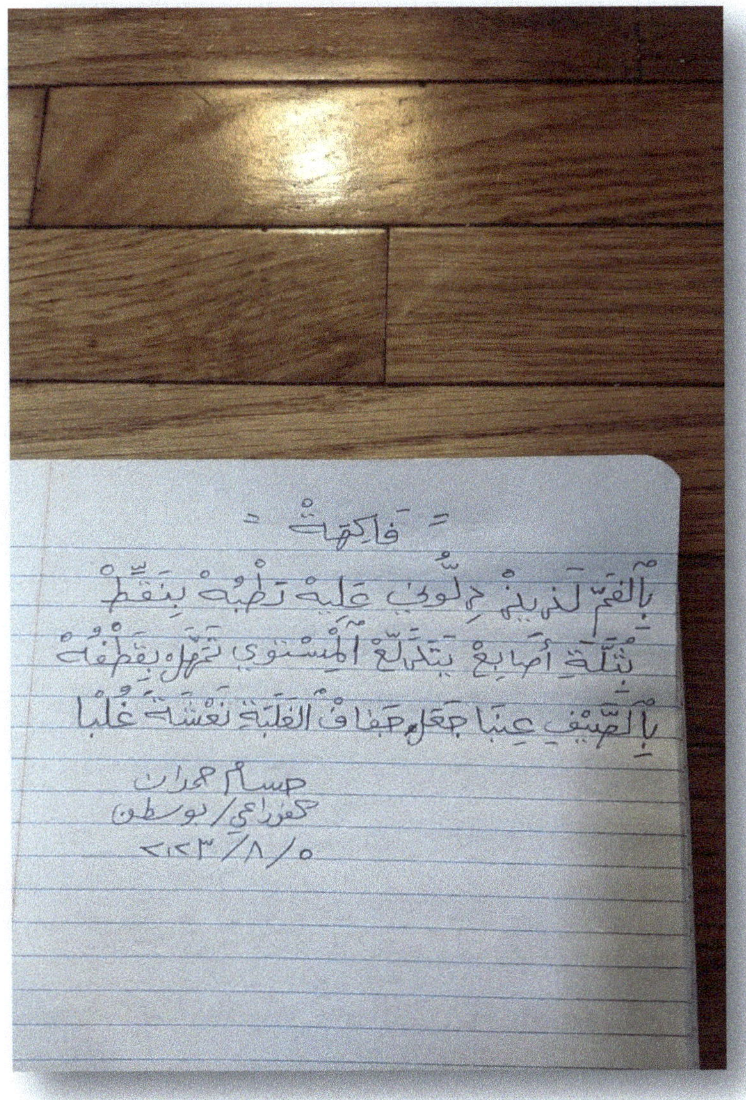

= فاكهة =
بالفم الذين حلوب عليه نطيه بنقط
ثلة أصابع يتدلع المستوى تهزل بقطفه
بالصيف عنبا جعل جفاف العلبة نغشت غلبا

حسام حوران
كوراجي / بوسطن
٢٠٢٣/٨/٥

بيْنَنا

بَيْنَنا رُوحَهْ وَجيَّهْ

أحْيانًا فَيَّهْ وَميَّهْ

وَأحيانًا وِعْرِهْ وَشَقِيَّهْ

بكِلا الحالْتينْ الوَردْ بشدُّه اسْقِيِّهْ

حسام حمدان

كفر راعي / بوسطن

٢٠٢٣/٨/٢٣

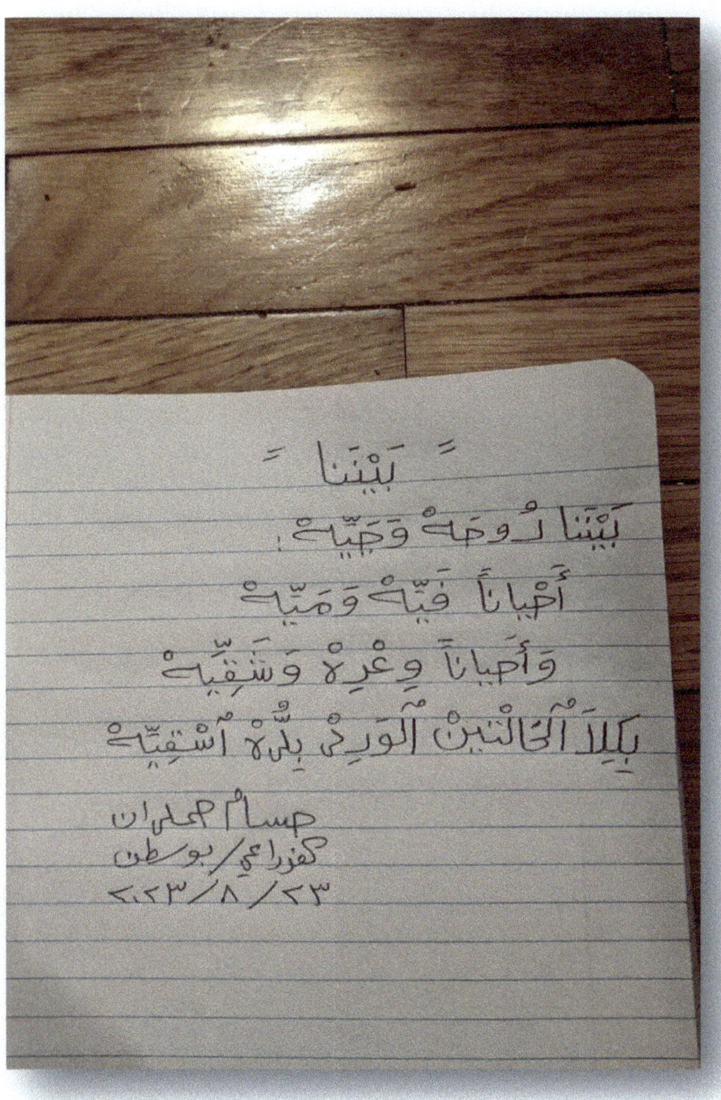
= بَيْنَنا =

بَيْنَنا رُوحَةٌ وَحِيَّةٌ
أَحْيَاناً فَيَّةٌ وَمَيَّةٌ
وَأَحْيَاناً وِغْرِهُ وَشَقِيَّةٌ
بِكلاً الحَالَتين الوِرُهُ بِنَّهُ أَشْقِيَّةٌ

حسام حمدان
كفر إبراهيم / بوطن
٢٠٢٣ / ٨ / ٢٣

شَعْب

شَعْبُنا شَعْباً جَسُورْ

نَلَحِّنُ الحَياةَ مُوسيقِيّاً عِنْدَ نُقاطاً مَرورْ

نَحِبُّ الحَياةَ مَهْما أضْنَتَ وَتَقَلَّبَتْ أمورْ

لَحْناً حُرَّةً مُسْتَقِلَّةً لا يَخْشى بِمَتاعٍ غَرورْ

حسام حمدان

كفر راعي / بوسطن

٢٠٢٣/٩/١٠

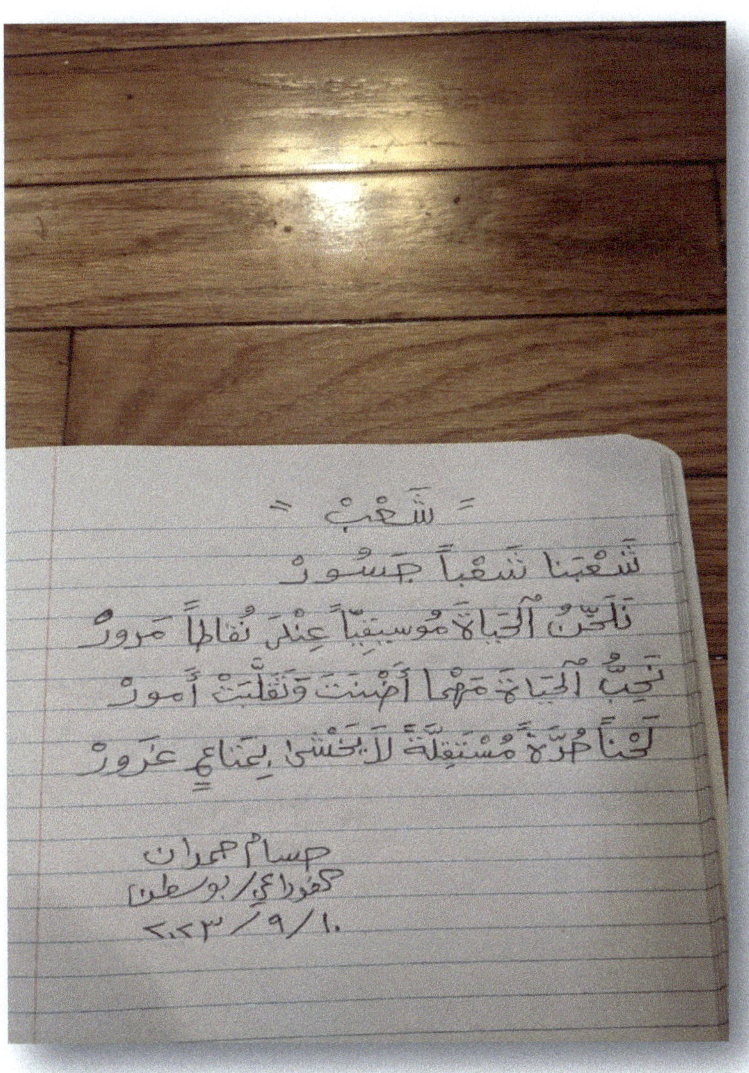

« شَعْبٌ »

شَعْبُنا شَعْباً جَسُورٌ
تُلَحِّنُ الحياةَ موسيقياً عند نقاطها مرور
تُحِبّ الحياةَ منها أمسنت ونقلّت أمور
لكنّا حُرّةٌ مُستقلّةٌ لا تخشى بعناءِ عرور

حسام حمران
كفرداعي / بوسطن
٢٠٢٣ / ٩ / ١.

تَبات لَنَبات

تَراني بِريعانِ الطُّولَ مُدَبِّرْ

نَبات لَنَبات مِيلْ عَلَيَّ وَنَوِّرْ

بَهْجَةً لَعْيونَ الخَلْقِ مُعَبِّرْ

لا تَقْطُفْني فَكَمْ كُنْتُ بِالقُصْرِ لِلإِنْسانْ مُبَرِّرْ

حسام حمدان

كفر راعي / بوسطن

٢٠٢٣/٦/٢٥

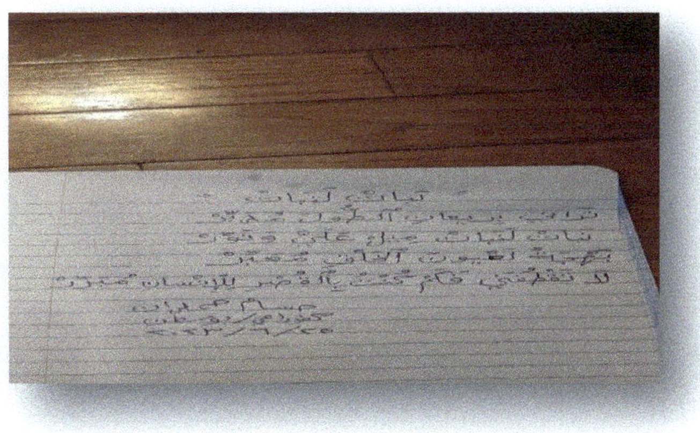

إتْخَفِشْ

إتْخَفِشْ عَزيمَةْ جِدعانْ حَدُّه رَدُّه

خفَّاشْ اللِّيلْ يَخْفِقْ جَناحيهْ صَدُّه

الحُرْ لا يَموتْ مَهْما كَانَ العِتادْ ضِدُّه

حسام حمدان

كفر راعي / بوسطن

٢٠٢٣/٧/٤

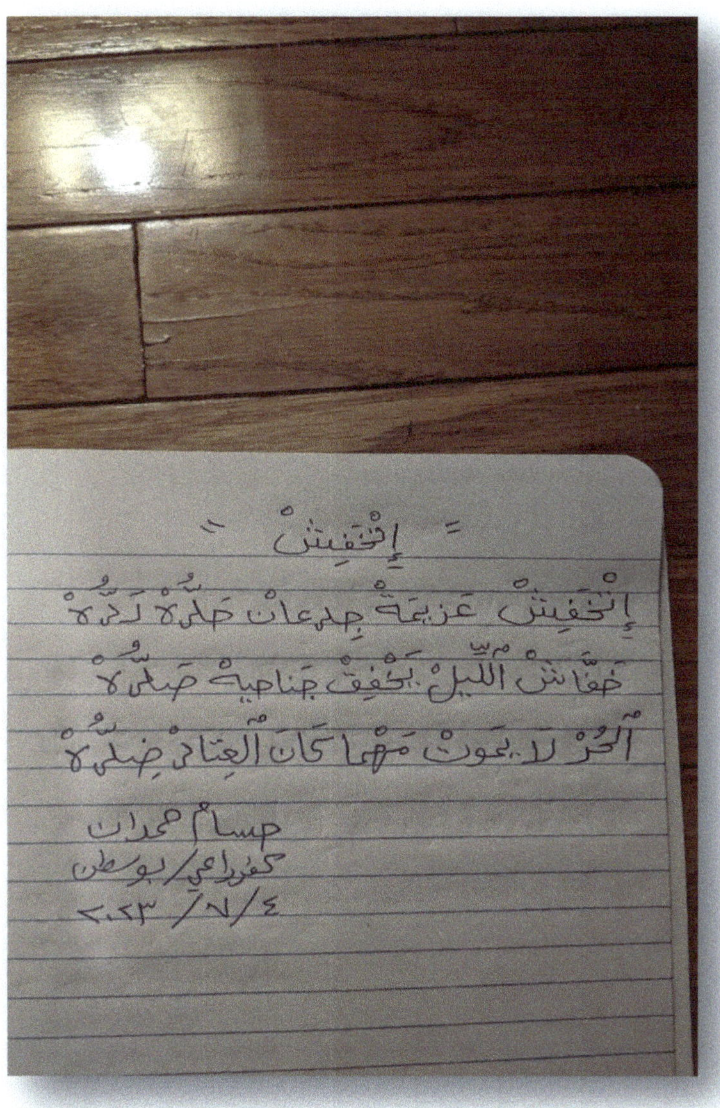

« إنخفِش »

إنخفِش عزيمة جدعان على لدى ؟
خفّاش الليل بخفّق جناحيه على ؟
الحُر لا يموت مهما كان العناء ضلّى ؟

حسام حمدان
كفرداعي / يوطن
٢٠٢٣ / ٧ / ٤

تَعْميمْ

كُثُرِ التَّعْميمْ نَسَّانا مَتى أَوْ وَ وَلَمينْ

بِذَلِكَ المَتاهِ أَصْبَحْنا بِنَعيم أَوْ جَحيمْ

مَهْلَكْ بِتَعْميمٍ خَلِّي الوَسيطَ بَيْنَنا يَبينْ

حسام حمدان

كفر راعي / بوسطن

٢٠٢٣/٦/١٤

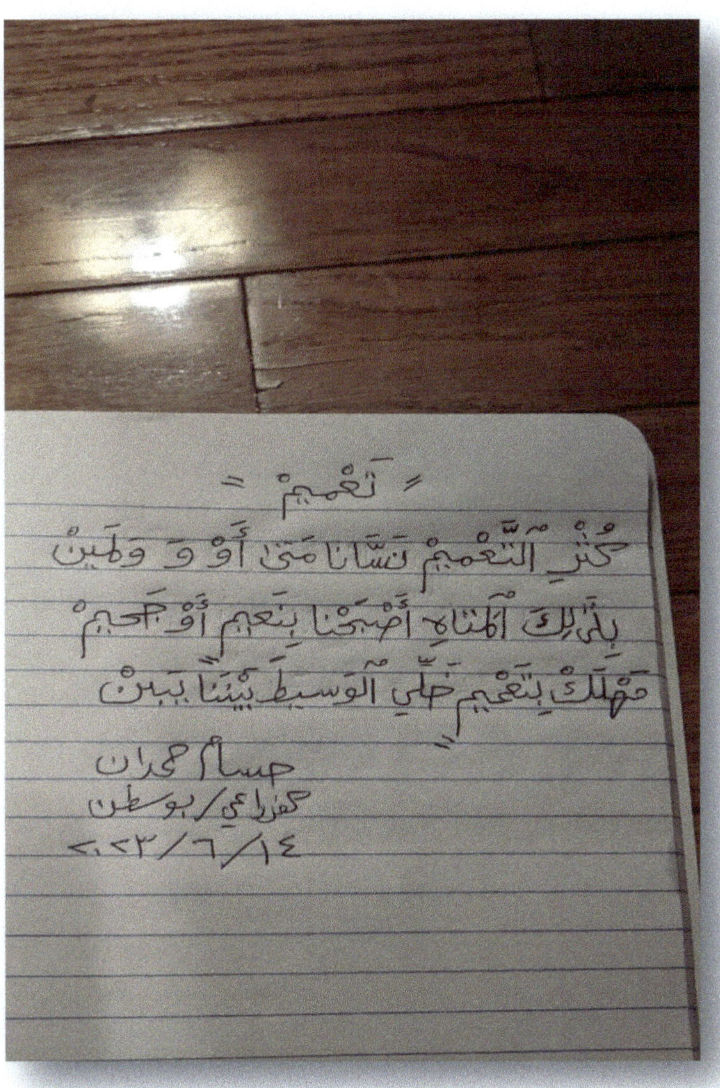

« تَعْميم »
كُثْرِ التَّعْميم نَسّانا مَنّي أَوَ وَطَنين
بِتِلْك المَنّاه أَصبَحْنا نَعيم أَو جَحيم
مَثّلَك بِتَعْميم خَلّي الوَسيط بَينّا يَبين
حسام حجران
كفرامي / بوطن
٢٠٢٣ / ٦ / ١٤

لَلِيشْ

لَلِيشْ تِبْعِدْ وادَّورْ عَلى الغَيْرْ

خَلِّيكْ إِبْحَدْ أخوكْ أبو الخَيْرْ

لَزَمي أوْ لَمْ تَلِدْهُ أُمُّكْ يا زَلَمي

حسام حمدان

كفر راعي / بوسطن

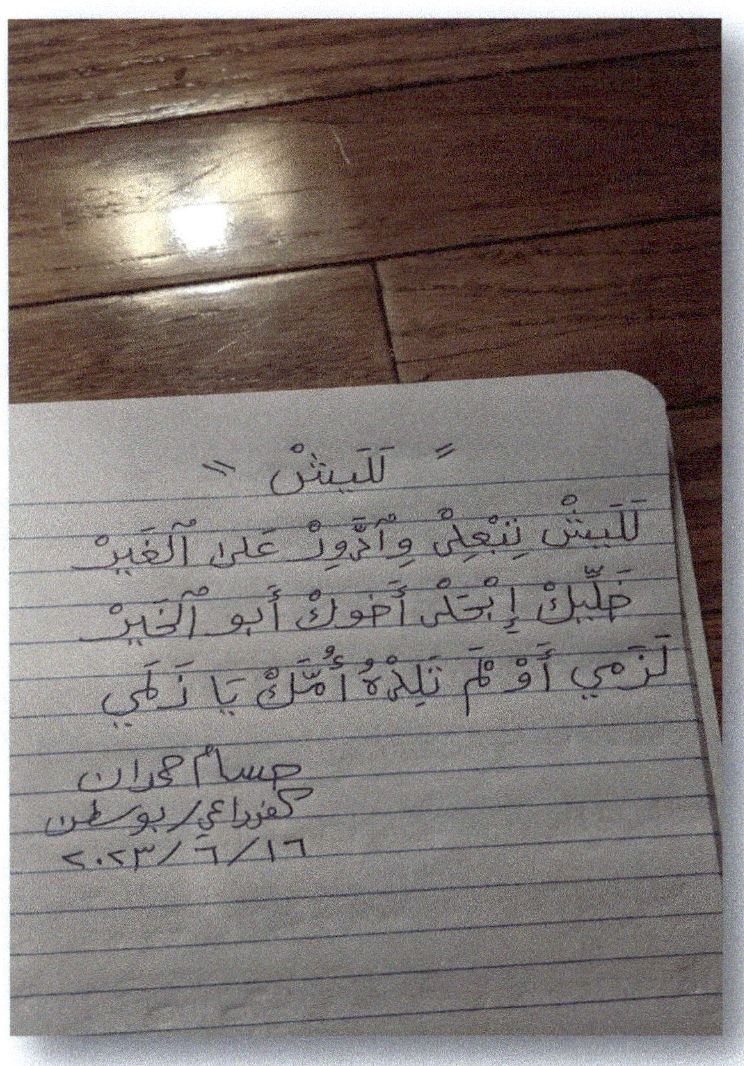

= لَلَيْش =
لَلَيْش تِنْعَلى وَاجِرُون على الغَير
خَلِّيك إنتَى أخُوك أبُو الخَير
لُزمي أقُم نِلْذه أمَّلِ يا نَهَي

حسام محران
كفرداعي / وطن
٢٠٢٣/ ٦/ ١٦

بدْنا

كَفَانا فَصِعْ حَchي

بدْنا فِعِلْ وَاقِعي مَا هُو رَدِي

بالحاchورة خَلِّينا نَلْتَقي

لا تَحْشُرْني وَأحُشْرَكْ الزَّرِعْ فيها يَنْمو طَريَ وَنَدِي

حسام حمدان

كفر راعي / بوسطن

٢٠٢٣/٦/١٧

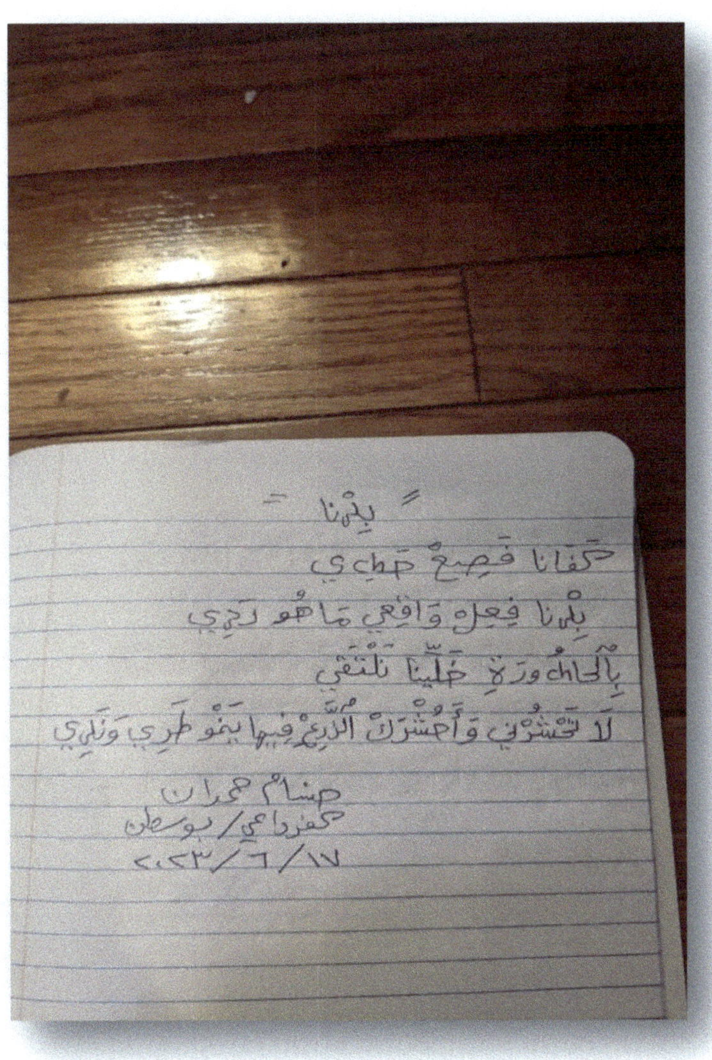

بيّننا =
كفانا فصيح تحكِي
بيّننا فعله واقعي ماهو حكي
بالحالة ورا خلينا نلتقي
لا تحشرني وأحشرك الزرع فيها يتلو طري وطري
هشام حمران
كفردامي / يوسطن
٢٠٢٣ / ٦ / ١٧

تَحَمُّلْ

سَمِعَ وَهَلَّ عَلى مَهْلٍ هَيْهاتَ يَهونْ

مَا بِالصَّدرِ لَو خَرجَ حَرَقَ مَا يَكونْ

فِكْرَةِ عَقْلَ يَتَّسِعُ صَدْراً نَوْبَةٍ تَمونْ

سَكُونَ الْحُرِّ صِراعاً يوَهْلٍ جَنونْ

حسام حمدان

كفر راعي / بوسطن

٢٠٢٣/٦/١٨

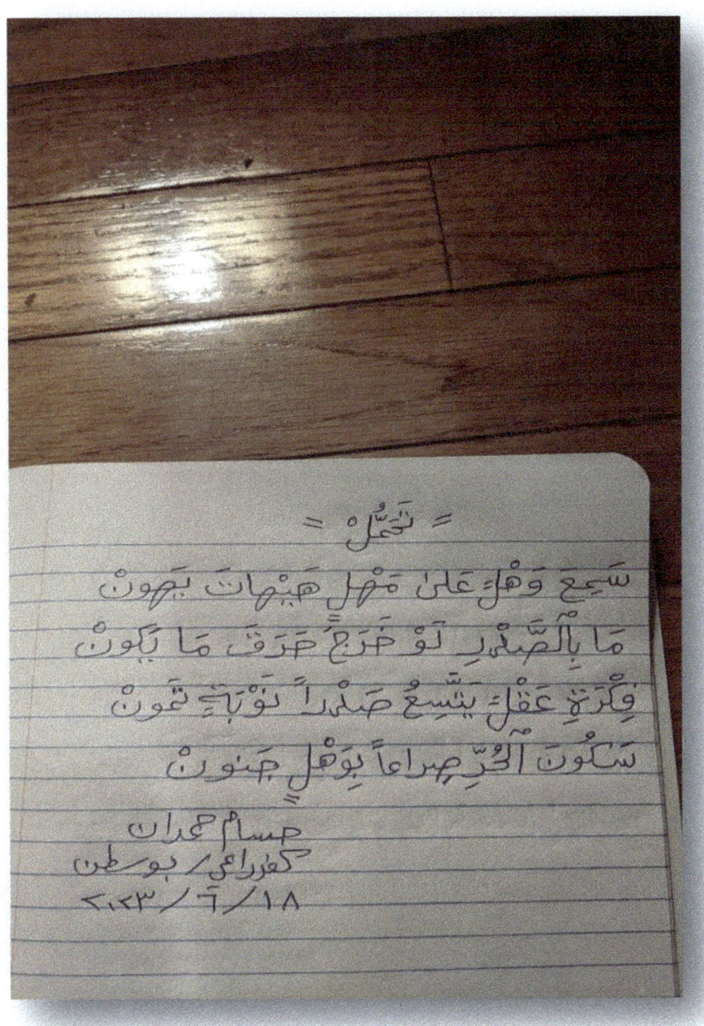

= تَحَمّل =
شِيع وفا على مثل هينات يهون
ما بالصبر لو خرج حرف ما يكون
فكرة عقل يتسع صدراً نوبة تهون
سكون الكر صراعاً بوقل جنون

حسام حمدان
كفرراعي / بوطن
٢٠٢٣ / ٦ / ١٨

تَعجْ

أحْيانًا سَهْلاً صَعْبًا تَعْجُ شَيْئاً

يَشْتَدُّ القَبْضِ وَيَحْمَرُّ الوَجْهِ وَيَصُبُّ العَرَقِ عَبَثاً

إنْطَعَجَ لِمَا يَرْضِي العَيْن طَوْعًا وَلَيْسَ خُضوعاً

إرادَةُ الشَّيءِ تُراهِنُ إنْ كَانَ بالطَّعْجِ حَياتاً

حسام حمدان

كفر راعي / بوسطن

٢٠٢٣/٦/٢٦

= نعم =

أحيانًا سهلًا صعبًا تعجُ شيئًا
يشتكي القبضهن قيحمر الوجه وبضت العرق عبثًا
أنطعج لما يرضى العين طوعًا وليس خضوعًا
إرادة الشيء نراهن إن كان بالطعج حيانًا

حسام حمدان
كفراحي / بوطن
٢٠٢٣/٦/٢٦

مَالِكْ

مَالِكْ مِكَشِّرْ جِيبُه وَدَشِّرْ

رَاحَ إتِّجاهاً بِإبْهامٍ مُؤَشِّرْ

مَعْشَراً مُبَشِّرْ الفَحِلْ مُعَشِّرْ

عِشْبُ الرَّبِيعِ لِلْخِرافِ مُدَبِّرْ

حسام حمدان

كفر راعي / بوسطن

٢٠٢٣/٨/١٤

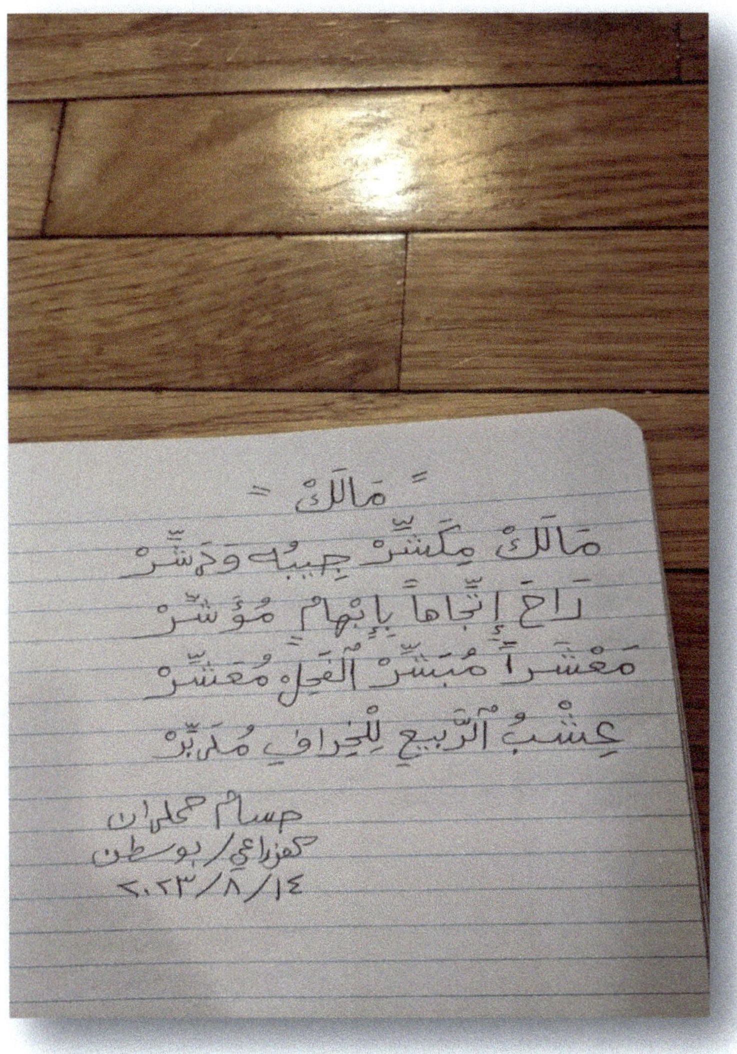

" مَالِك "
مَالِك مكنّش حبيبه وحشّر
راح اتجاها بإبهام مؤشّر
مبشّراً مبشّر الفجر معشّر
عشبُ الربيع للخراف مُدبّر

حسام حمدان
كفرزراعي / يوطن
٢٠٢٣/٨/١٤

رَحِمْ / ورم

قَدَرْ مَا تَهِفْ وَجَعْ مَا بِعِفْ

وِرِمْ عَليكْ وَرَمًا نَفاخًا بالوِصالِ بِخِفْ

مَنْ قطَعَني قَطَعْتُه رِيقًا مَا بِجِفْ

إِعْرِفْ رَحْمَكْ صَلْهُ قَبْلَ ما رِجْلَكْ رِجْليكْ تُقْطَعُ بِحِلْفْ

حسام حمدان

كفر راعي / بوسطن

٢٠٢٣/٨/١٩

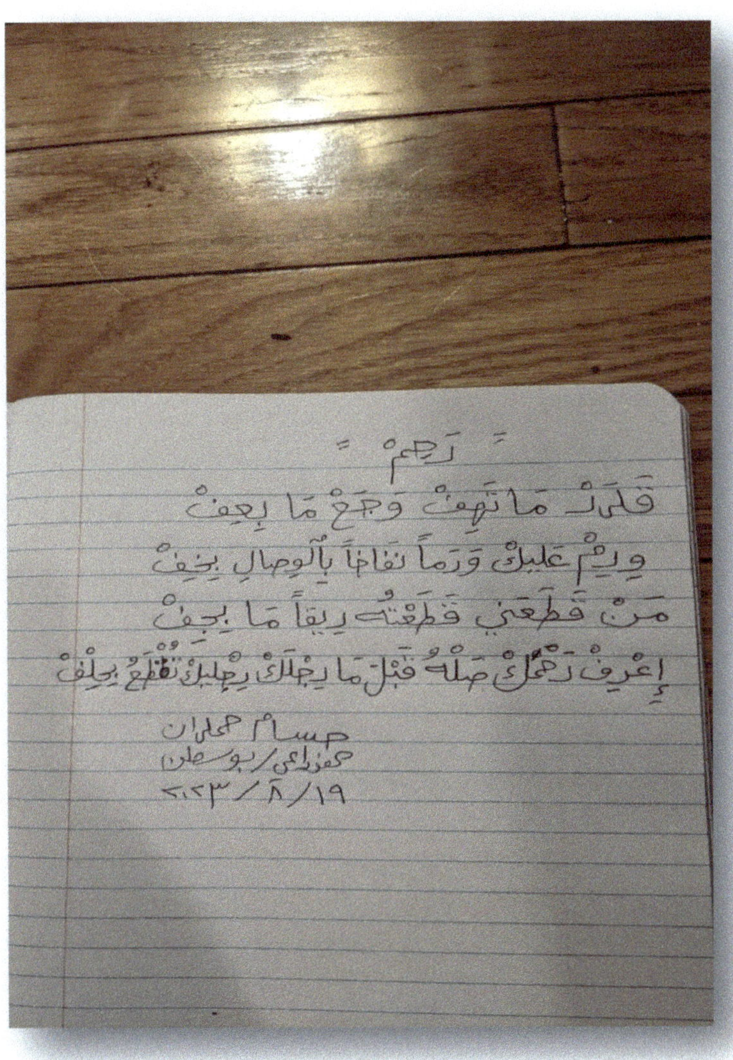

= رَحِيم =

قلبٌ ما تهفو وجمعٌ ما يعِفُّ

وليسَ عليكَ ورُبّما نِفاقاً بالوصالِ يُخِفُّ

مِن قطعني قطعتهُ رِفقاً ما يُجفُّ

اعرفْ رجالكَ صِلهُ قبلَ ما يُخِلّكَ رحيلٌ تُقطعُ يُخِفُّ

حسام حجلان
عفرزاعي / بو طن
٢٠٢٣ / ٨ / ١٩

رُوحْ

بدونِ الرُّوحْ لَا نَسْتَطيعُ الوقوفْ نِيجي وَنَروحْ

السُّؤالْ مَطْروحْ جَوابُه عِلْمُها عِنْدَ الرّبِ رُوحْ

فَأَنْتَ تُلَوِّحْ تَتْروحْ وَلَا تَدْري رُوحَكْ حَتْروحُ

لَعَلَّها مَعْ نَفْسَكْ وَينْ مَا تَرْتاحْ وَتَبوحْ

ظَريبْ يفْلَخْ نِيعَكْ إحْمِدْ رَبَّكْ حَيّاً تُرْزَقْ

حسام حمدان

كفر راعي / بوسطن

٢٠٢٣/٦/٩

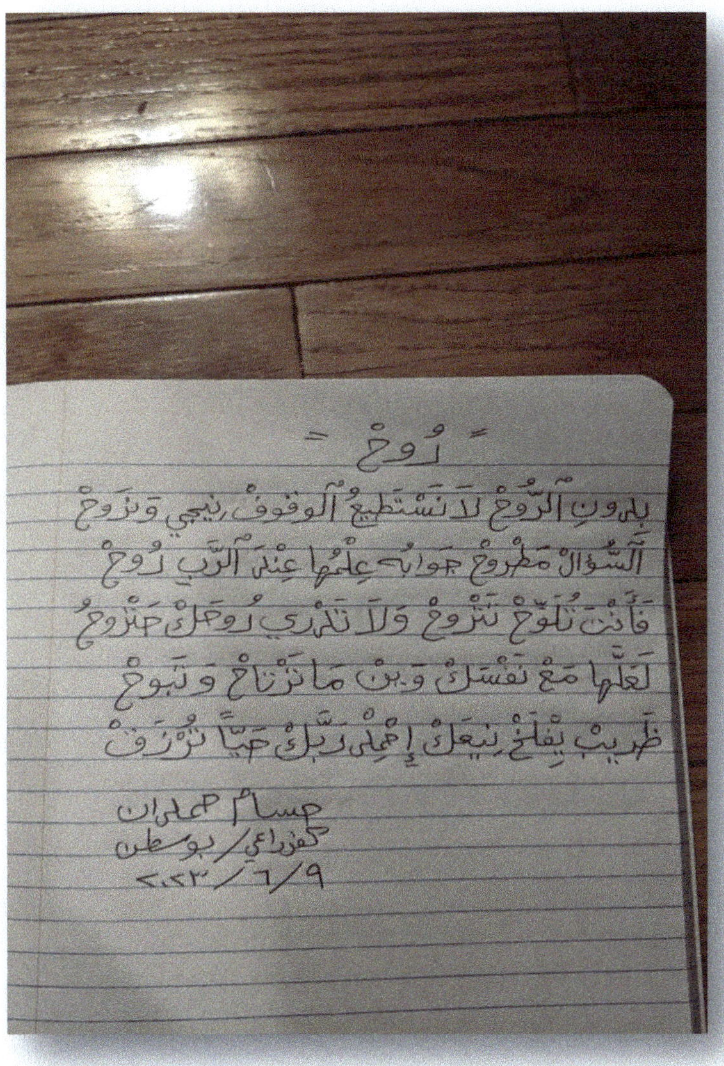

رُوح

بِدُونِ الرُّوح لا نَسْتَطِيع الوُقوف رِبِّي وتَرُوح
السُّؤال مَطروح جَوابه عِلمُها عِند الرَّب رُوح
فأنت تَلُوح تَرُوح ولا تَدْري رُوحك مَجْروح
لَعلّها مَعْ نَفْسَك وبين ما تَزاح وتَبُوح
ظَريت يَفلِت نِيعَك إحمِلي دِيك حيّا تَرُزُق

حسام حمدان
كفرزاعي / بوطن
٢٠٢٣ / ٦ / ٩

عَالبارِدْ لِمْبَرَّدْ

يُنَقِّلُ السِّلَّمْ مِنْ حَيطْ الحيطْ

يَوْمِهِ سَنُوطْ بقُوتِ العَيشْ

بأَقران السُّقوفْ يَلْزمُ السُّكوت

إنْكَبِّ الوعاءِ عَليْهِمْ لَقايطْ عِنوتْ

مَخاطْ عَاللِّحيَةِ مَطّاطْ رَبَطَ لَمَّةِ فِلوسْ

حسام حمدان

كفر راعي / بوسطن

٢٠٢٣/٦/١٦

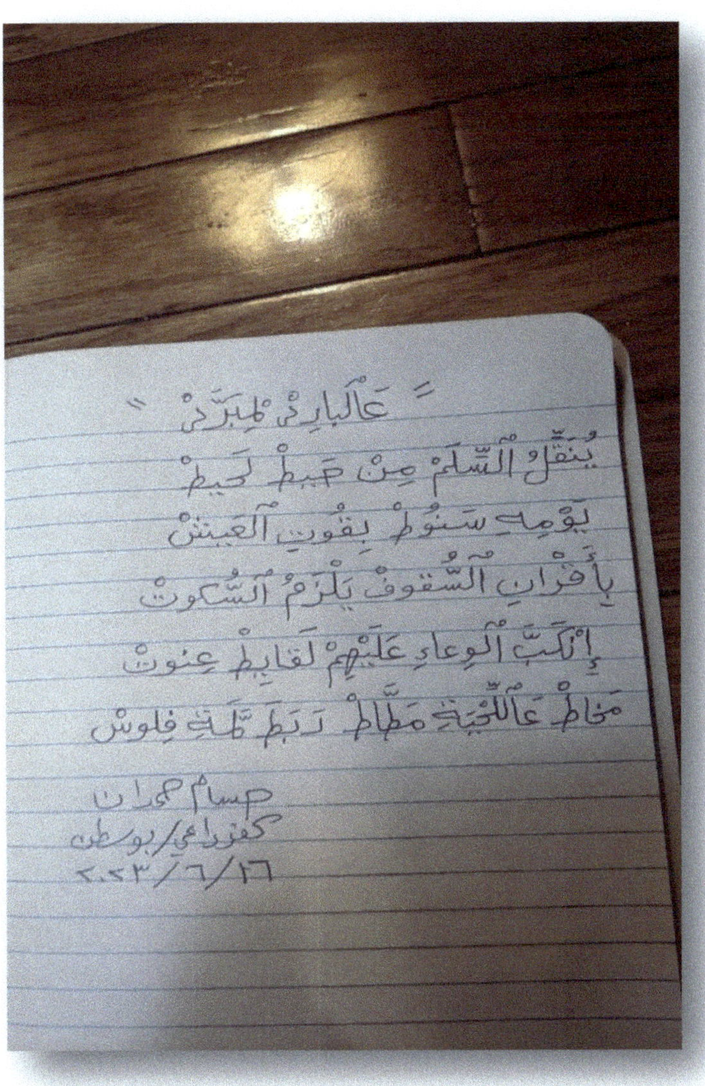
= عَالْبَايِتْ لِمْبَرَّدْ =
يِنْقِلُ السَّلَمْ مِنْ عَيِطْ لَعَيِطْ
يُوْمِهْ سَنُوطْ بِقُوتِ العِيِشْ
بِأَفْرَانِ السَّقُوفْ يَلْزَمْ السَّكُوتْ
إِنْكَبّ الْوِعَاءِ عَلَيْهُمْ لَقَابِيطْ عِنُوتْ
مَخَاطْ عَالْلِبْنِةْ مَطَّاطْ رَبَطْ طَبْتِ فِلُوشْ

حسام حوران
كفرذاي / بوطن
٢٠٢٣/٦/٢٦

شَغَفْ

نَصيفًا إسْتَدارَ وَضَمَّ الشَّعْرَ الكَثيفْ

قَمَراً تَحْتَ الرِّموشِ ظِلاً خَفيفْ

سِيمةِ حُسْنًا تِباهي النَّجومْ بِرَقْصٍ لَفيفْ

هَمْسًا وَلَمْسًا أَزْهَرَتِ الخَدودَ نَبَضاً يَطوفْ

بِقُبْلةٍ إسْتَسْلَمَ الشَّغَفِ رَوْضةً أَنْفاسَها بَحِبِّكْ

حسام حمدان

كفر راعي / بوسطن

٢٠٢٣/٦/١٧

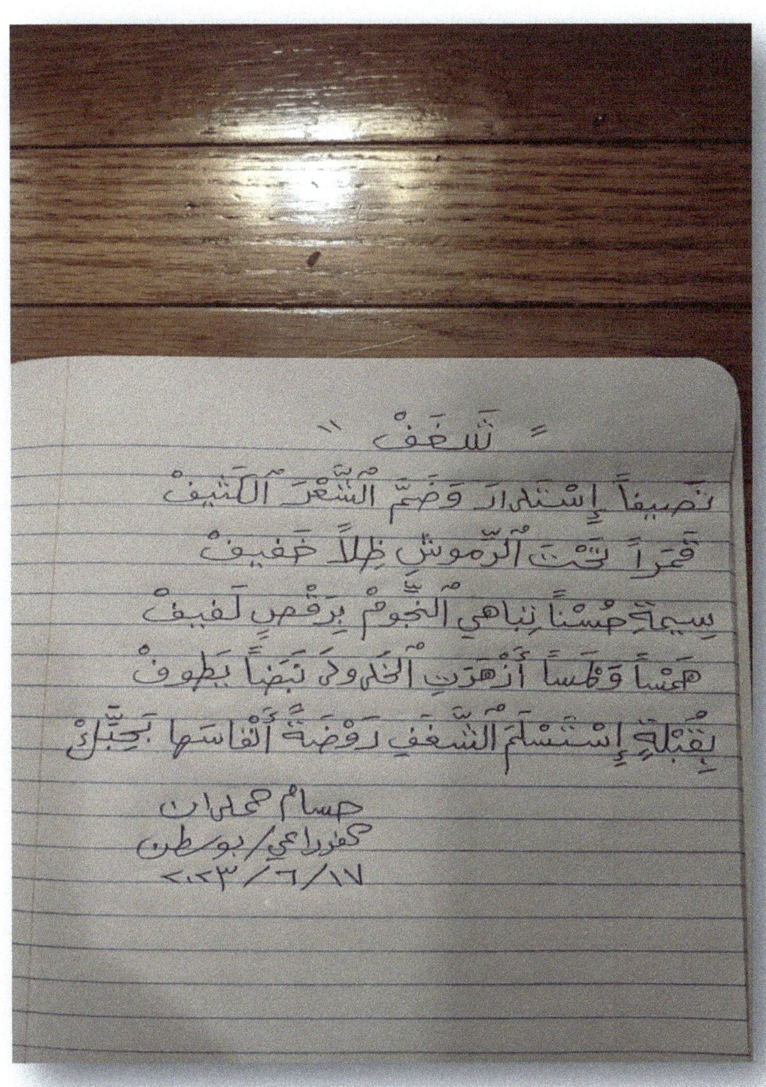

= الشغف =

نصيفاً استنار وضمَّ الشعر الكثيف
قمراً تحت الرموش ظلاً خفيف
سيمةً حسناً نباهي النجوم برقمٍ لفيف
حسناً وقبساً أزهرت الحلو نبضاً يطوف
بقبلة استسلم الشغف روضة أقاسها بخيال

حسام محليان
كفرراعي / بوطن
٢٠٢٣ / ٦ / ١٧

عَلَفْ

بِلَقْمَطَةٍ إِيدينا وَمَشاوير رِجْلينا جَهَّزْناهُ عَلَفْ

قَدَّمْناهُ لِلْأَليفِ تَزَعْزَعَ وَأَعْطانا أَحْسَنِ خَلَفْ

بَيضْ وَأَرانِبْ وَزَغاليلْ وَحَليبْ ذَلِكَ الصَّبِيِّ مَا عَرَفْ

مَنِ اخْتارَ وَغارَ بِالبَسْمَةِ عَلَيهِ قَذَفْ

حسام حمدان

كفر راعي / بوسطن

٢٠٢٣/٩/٨

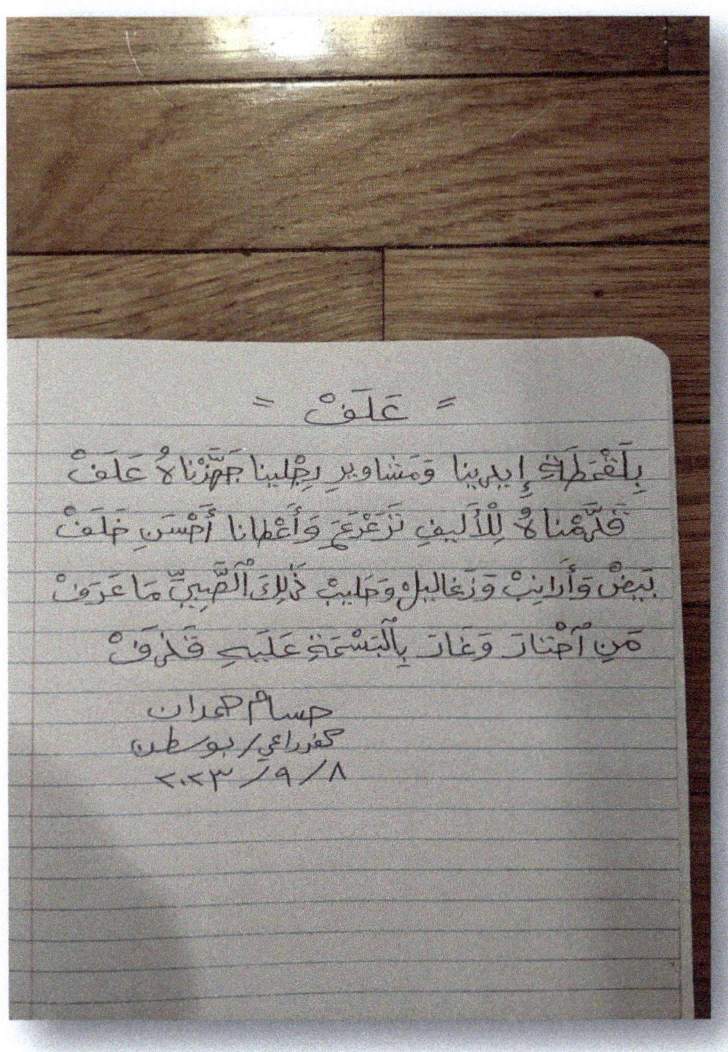

= عَلَف =

بلَغْطة إيدينا ومشاوير رجلينا جهزنا علف
قدّمناه للأليف نزرّع وأعطانا أحسن خلف
بيض وأرانب وزغاليل وحليب ذلاك القريب ما عرف
من أحنا وغات بالبسمة عليه فخرف

حسام حوران
كفرداعي / بوسطن
٢٠٢٣ / ٩ / ٨

بيوتًا

مِنَ الحِجارَةِ بَنَيْنا بيوتًا

بِنَظْرَةٍ قَدْ يَتَدَفَّقُ الصَّمْتِ مِنْها وَحْيًا

بالجِيرَةِ صَامِدَةً وَبالوَقارِ خَاشِعَةً

أَدْخُلْها سَلامَةً تَسْقيكَ الُودَّ وَالحنانِ مَيَّةً

شَيْبَةُ الشِّيدِ عَلى الحِيطانِ شبابًا

رَسَمَتْ لَوْحَةً وَشَيَّدَتْ لِلتُراثِ مَكانًا

حسام حمدان

كفر راعي / بوسطن

٢٠٢٣/٩/٩

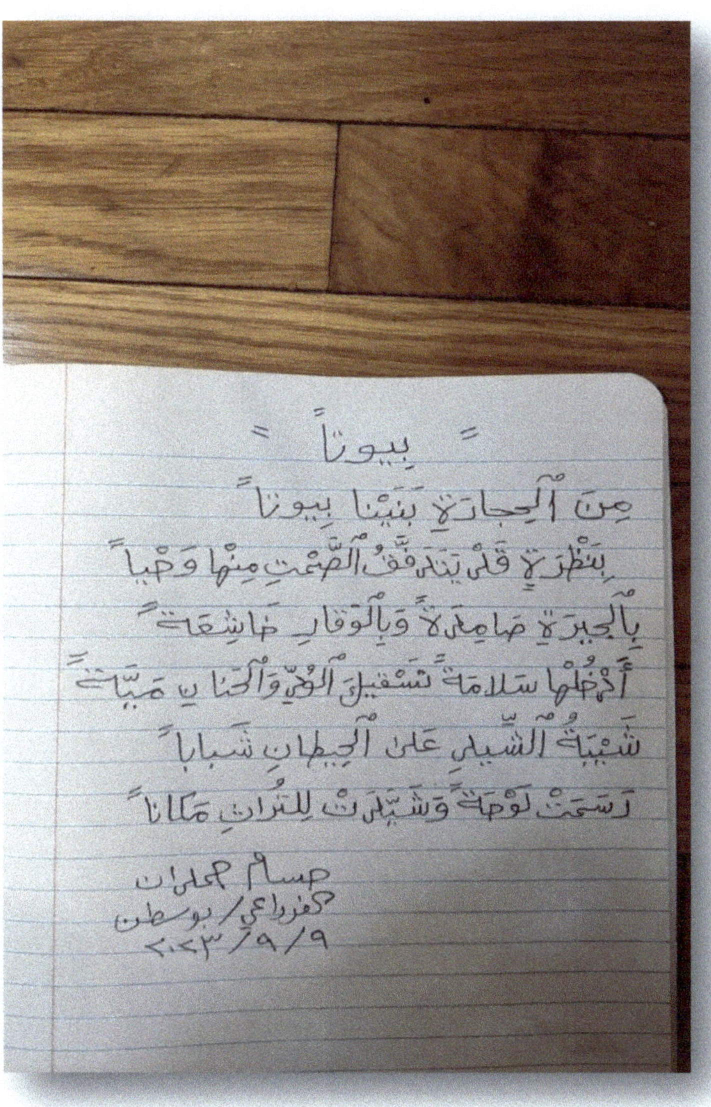
بيوتًا
من الحجارة بَنينا بيوتًا
بنظرةٍ قلبٍ يَندفق الصمتُ منها وَحيّا
بالحيرة صامتةً وبالوقار خاشعةً
أدخلها سلامةً تُسفين الحُلمُ والحُبّا يَ مَبَّا
شيبةُ الشيخِ على الحيطان شبابًا
رسمتْ لوحةً وشيَّدتْ للتراث مكانًا

حسام محمدات
كفرواعي / بوسطن
٢٠٢٣ / ٩ / ٩

مَقَراً مَفَراً

أنْ نِمْتَ يَنامُ العَالَمْ معَاكَ

وأنْ صَحَوْتَ يَصْحوا مِنَ العَالَمْ مَعَاكَ

أنْتَ مَرْجِعاً مِقْياساً لا تَدْري لِلْهَوى مَمَراً

لَفْحةِ حُبّاً تَطيرُ طائراً بَيْنَ أوْكارِ القُلوبَ مَعَراً

هَدَّى بحَوْضِ لَهَفُ الخَوضِ إنْزِلاقًا سَاكِناً مَاكِناً

حسام حمدان

كفر راعي / بوسطن

٢٠٢٣/٨/١١

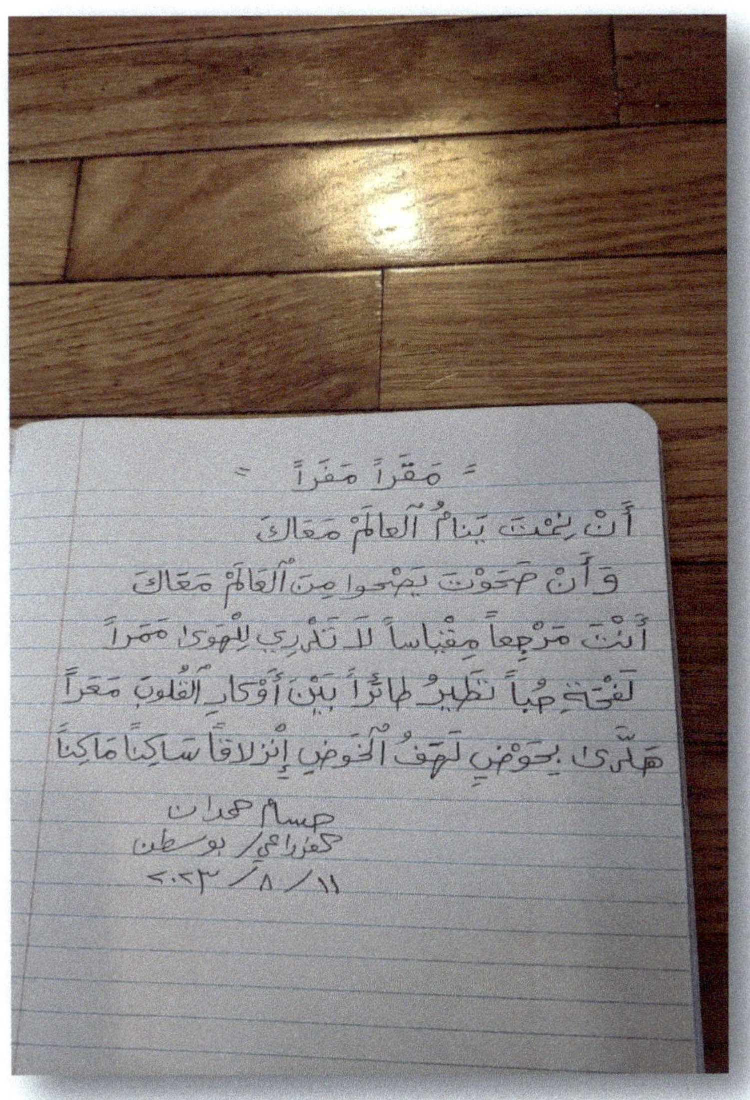

= مَقَرّاً مَفَرّاً =
أَنْ رِئْتَ يَنامُ العالَمُ مَعاكْ
وَأَنْ صَحَوْتَ يَصْحوا مِنَ العالَمُ مَعاكْ
أَنْتَ مَرْجِعاً مِقْياساً لا تَذْري لِلهَوى مَمَراً
لَفْحَةَ حُبّاً تَطيرُ طائراً بَيْنَ أوْكارِ القُلوبِ مَعَراً
هَلّى بِحَوْضٍ لَهَفُ الخَوْضِ إنْزِلاقاً ساكِناً ماكِناً

حسام حمدان
كفرراعي / بوسطن
٢٠٢٣ / ٨ / ١١

زَائِرْ

قَطَعْنا الخُورِ مِشْوارْ

زَاتُوونْ لُوزُ نِوَّارْ

مَهْلَكْ عَلينا يَا جَارْ

رِجْلِينْ عَلى الأَرْضِ زِوَّارْ

زَادْنا مَعَانا مِنِ الدَّارْ

لَفِّينا عَمايرْ قَعَدْنا عَتَلِّةِ أجْدادِنا الأحرارْ

أكَلْنا وَتخَرَّفْنا عَن قِصصِ الوَلَاءِ وَالأَبْرارْ

بأفْراخِها أعْشاشُ الطُّيورِ عَلى الأغْصانِ أسْرارْ

حسام حمدان

كفر راعي / بوسطن

٢٠٣/٩/١٣

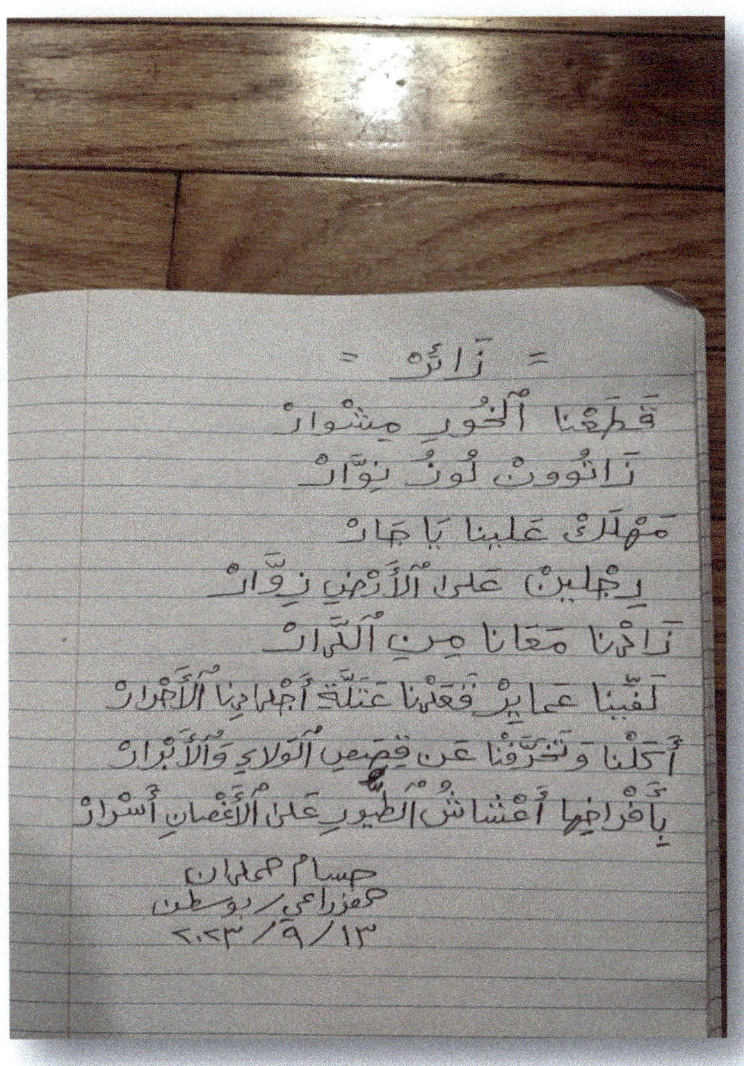

= زائرة =

قطعنا الخور مشوار
زاتوون لون نوّار
مهلّك علينا يا جان
رجلين على الأرض نوّار
ناخنا معانا من التراب
لفينا عماير وعدنا عتلة أجدادنا الأحرار
أكلنا وتشرفنا عن قصص الولاي والأبرار
يا فراخها أعشاش الطير على الأغصان أسرار

حسام محطان
حوز راعي / بوطن
٢٠٢٣ / ٩ / ١٣

وَرْدَةٌ

مَا مَضَغَ شَوْكَها أَحَدًا

طَالَ عُمْرَها نَظَراً وَانتِظاراً

عَمَّتْنِ سَفينةَ الصَّحراءِ حِمْلاً

وَرْدَةً يَانِعةً عَابِقةً تَصِلكَ غَداً

بَيْنَ يَدَيْهِ يَمْضُغُ شَوْكَها جَملاً

تَنامُ بِحُضْنِهِ قَريرةَ عَيْناً

حسام حمدان

كفر راعي / بوسطن

٢٠٢٣/٨/٣٠

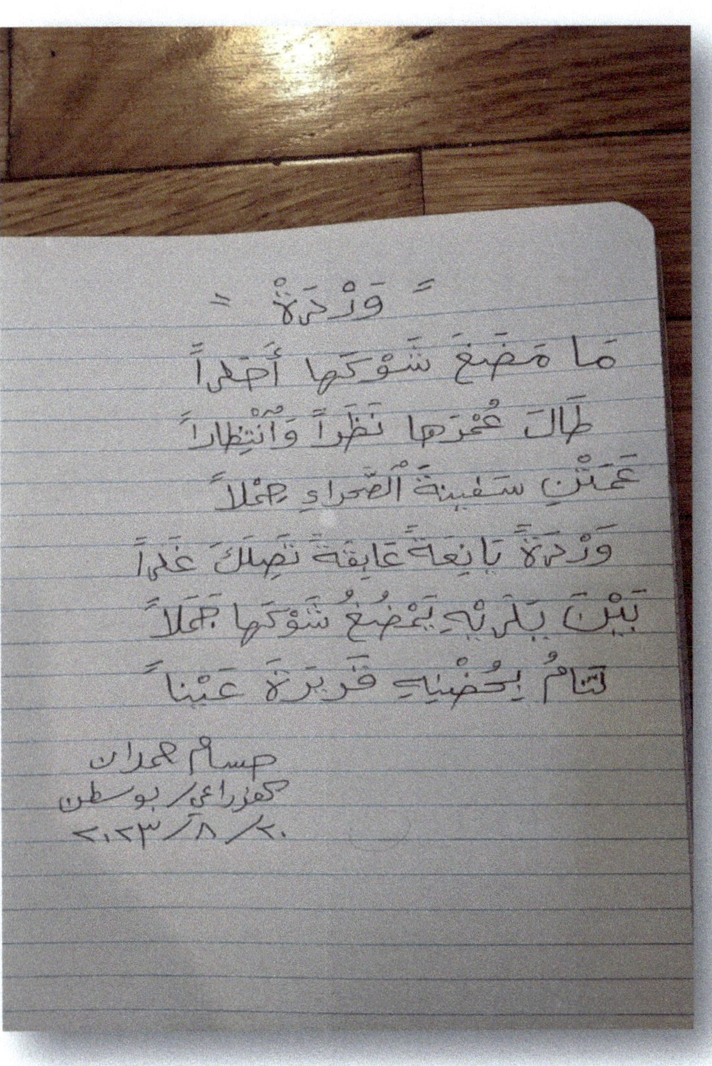

= وردة =

ما مَضغَ شوكَها أحدٌ

طالَ عُمرها نظراً وانتظاراً

عمَّتن سفينة الصحراء مُعلّلاً

وردةٌ يانعة عايفة تَصِلك غداً

بَيّن بلّن يَمضغ شوكها مُعلّلاً

تنامُ بحضنها قُريرةً عينا

حسام حمران
كهرزائي / بوسطن
٢٠٢٣/٨/٢٠

وَينكْ نَظَرْ

كَتَبَ بَيانْ عَشْرَةْ سُطورْ

سَبَقَ الزَّمانْ حُبُّهُ مَجْنونْ

رَدَّ فُلانْ عَشْرَةْ حُروفْ

إخْتَرَقَ السَّمْعَ طُرِشَتْ ذِئابْ بِمَرْعَى خَروفْ

كِتابهْ وَرَدْ صَوتاً وَسَمْعاً وَينَكَ نَظَرْ

حسام حمدان

كفر راعي / بوسطن

٢٠٢٣/٨/٩

= " وَبَنْكَ نَظَرْ " =

كَتَبَ بَيَانٌ عَشْرَةَ سُطُورْ

سَبَقَ الزَّمَانَ حُبُّهُ مَجْنُونْ

تَمَّ فُلانٌ عَشْرَةَ حُرُوفْ

اِخْتَرَقَ الشَّمْعَ طُرِشَتْ خِزَانٌ بِمَنْزَعَى حُرُوفْ

كِتَابَةً وَرَمْ صَوْتًا وَسَمْعًا وَبَنْكَ نَظَرْ ؟!.

حسام مهران
كفر داعي / بوسطن
٢٠٢٣ / ٨ / ٩

مَعَزَّةٌ

مَظْمومَةٍ يِجَنْبِ البَابْ

خُذْني مَعاكْ وَلَا تَرْتابْ

تَعَلَّمْنا الحِسابْ لِنَحْسِبْ حِسابْ

عَمَّ ضَبابْ وَأَمْطَرَ سَحابْ

بِاليَّدِّ مُقَعَّدَةً لِلْأسفَلْ ظِلِّها أجراً وَثوابْ

هَبَّةِ رِيحٍ قَلَّابْ مُقَعَّدَةً لِلْأعلى بِغَيْرِ حِسابْ

إشْتَري الظِّلِ مَظَلَّةً أسْلاكَها وَصُنْعِها أيْقونَةِ حِسابْ

بِظِلِّها مَظَلَّةً يَصْطَحِبُكَ مَعَزَّةِ أحْبابْ

حسام حمدان

كفر راعي / بوسطن

٢٠٢٣/٩/١٢

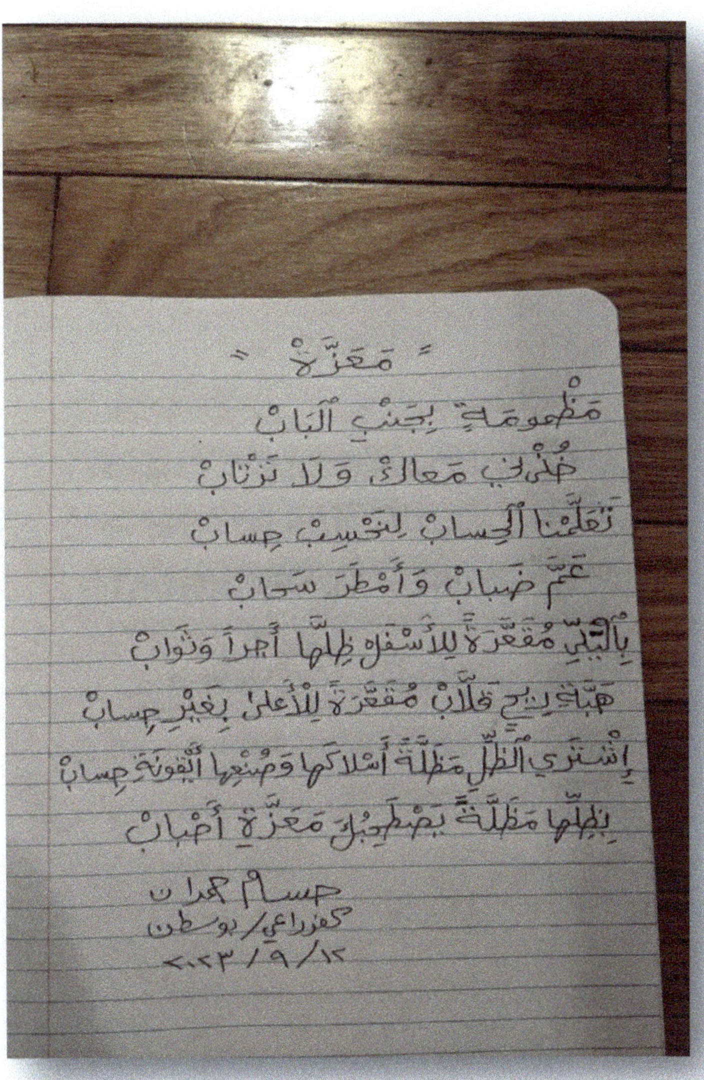

" مَعْزَلَة "
مَنْظُومَةٌ بِجَنْبِ الْبَابِ
خُذِّيني مَعالِكْ وَلَا تَرْتابِ
تَعَلَّمْنا الْحِسابَ لِنَحْسِبْ حِسابَ
عَمَّ ضَبابٌ وَأَمْطَرَ سَحابُ
بِالْبُكْيِ مُقَعَّرَةٌ لِلْأَسْفَلِ ظِلُّها أَجْرًا وَثَوابُ
هَبَّاتُ رِيحٍ قِلَابٌ مُقَعَّرَةٌ لِلْأَعْلى بِغَيْرِ حِسابِ
اِشْتَرى الظِّلَّ مَظَلَّةً أَسْلاكُها وَصِنْعِها الْيُونِ حِسابُ
يُظِلُّها مَظَلَّةٌ يَضْطَجِبُ مَعْزَلَةَ أَصْحابِ

حسام حمران
كفرراعي / بوطن
٢٠٢٣/٩/١٢

وِجْهةِ نَظَر

صُغَيَّر كُبَيَّر كُلُّ يَتَغَيَّر تَغَيَّر

نُدْرِكَهُ أَمْ لا مُخَيَّر مُسَيَّر

بكياتِهِ المُعَبِّر الكَبِير مُكَبِّر وَالباقي مُدبِّر

حسام حمدان

كفر راعي / بوسطن

٢٠٢٣/٦/١

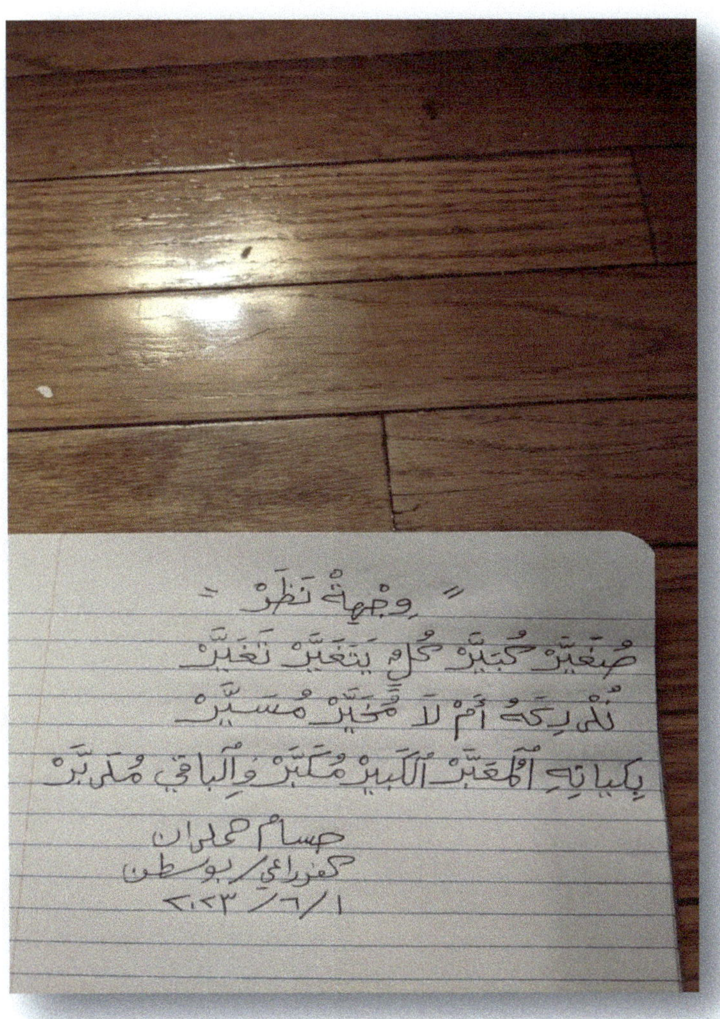

" وجهة نظر "
صغيرة كبيرة كل يتغير تغير
ندركه أم لا مخير مسير
بكيانه المغيب الكبير متغير والباقي مخير

حسام حمدان
كفر ذراعي / بوطن
٢٠٢٣ / ٦ / ١

صَباحْ

قَهْوَةْ بِسَاعَهِ مَيلْ

مُنْقارْ طَيرْ حَبَّاتْ هَيلْ

صَباحْ الخَيرْ وَهَيلْ لأَصْحابْ وَعَيلْ

حسام حمدان

كفر راعي / بوسطن

٢٠٢٣/٥/١٣

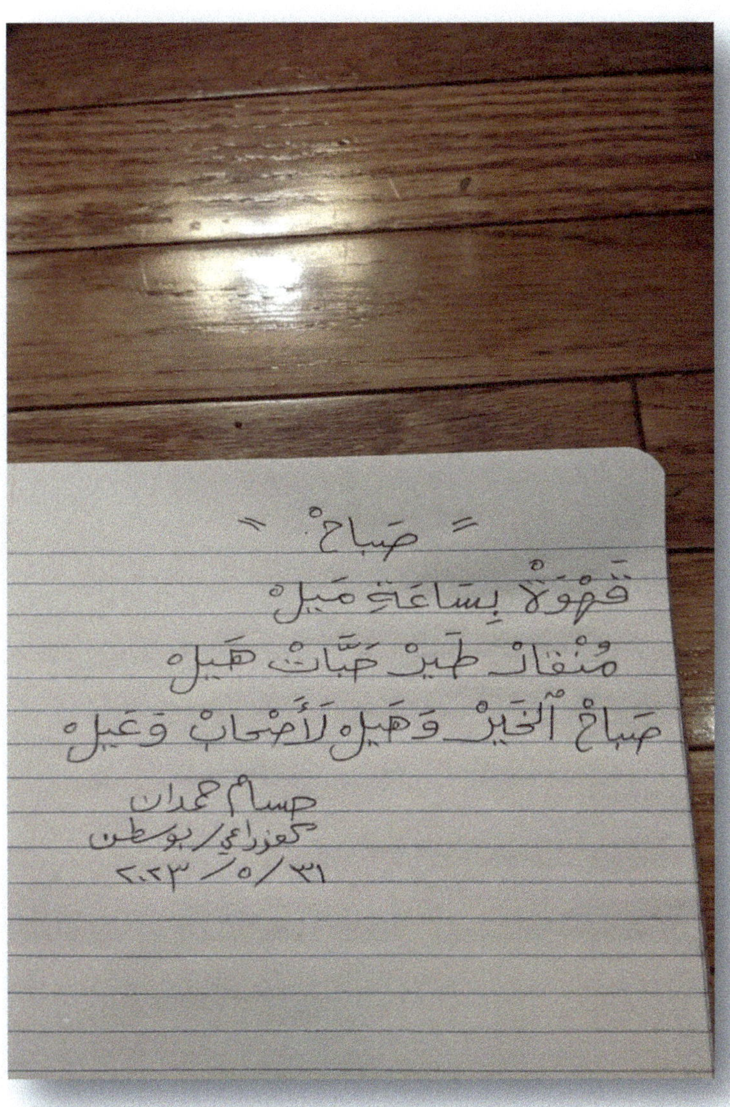

= صَباح =
قَهْوَةٌ بِسَاعَة مَيِّل
مُنفَاك طِين حِبّاتْ هَيِّل
صَباح الخَير وَهَيِّل لَأَصحَابْ وَعِيِّل

حسام حمدان
كعزرائي / بوسطن
٢٠٢٣ / ٥ / ٣١

مُعْجِزَهْ

لا تَنْتَخِعَ عَنْ مَنْ يَحِبُّكَ قَلْباً وَعَقْلاً

جَوْهَرَةً نَادِرةً خَرَجَتْ مِنْ وَعَلَى الأرْض لكَ خَاشِعَةً

حسام حمدان

كفر راعي / بوسطن

٢٠٢٣/٥/٢٣

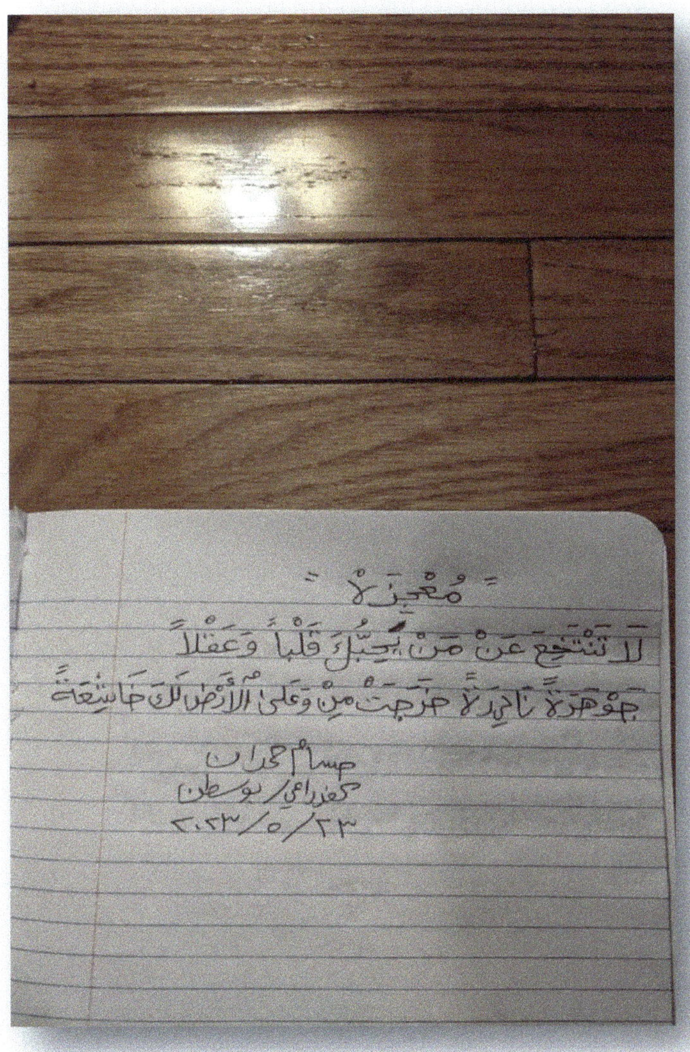

مُعِين لا
لا تَنْخَدِع عَن مَن يُجْبِرك قَلْباً وَعَقْلاً
جَوْهَرَة نَادِرَة خَرَجَت مِن وَعَلى الأَرْضِ كُلّ جَاشِعَة
بسام محران
كفر دامي / بوسطن
٢٠٢٣ / ٥ / ٢٣

وَصِيِّه

عَظِمْ عَلَيْهِ لَحِمْ وَشَحِمْ

إِنْطَبَخَ بِطَبْخَةٍ عَلى فَحِمْ

أَكَلِتْ حِصَّتي وَبِالغَدروفِ الشَّبَعِ فَهِمْ

وَصِيَّةِ صَحِنْ خُذْني حَنونًا كَريمًا بِصِلَةِ رَحِمْ

حسام حمدان

كفر راعي / بوسطن

٢٠٢٣/٥/٢٤

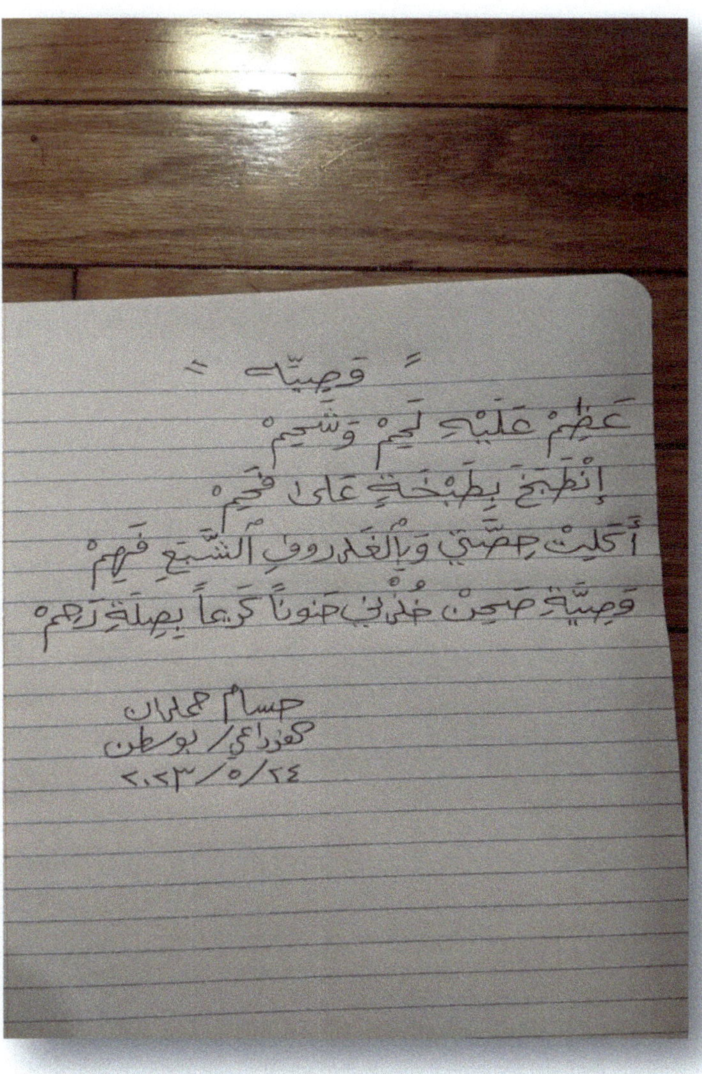

" قصيّة "
عَظْم عَلَيْه لحم وشَحم
أنطَبخ بطبخة على فحم
أكَلت حِمضي وبالغدا روف الشّبع فهم
قصيّة صحن خدني حنوناً كريماً يصلة رحم

حسام حمدان
كهردائي / بوطن
٢٠٢٣/٥/٢٤

دِسْدِسْ

بيتْ هِسْهِسْ مِنْ دِسْدِسْ

أُسْكُتْ هُسْ رَعاني الحَكْ وِسْوِسْ

مَبْسوسِه ما شَرَتْ بَرْغوثْ يِسْيِسْ

حسام حمدان

كفر راعي / بوسطن

٢٠٢٣/٦/٢

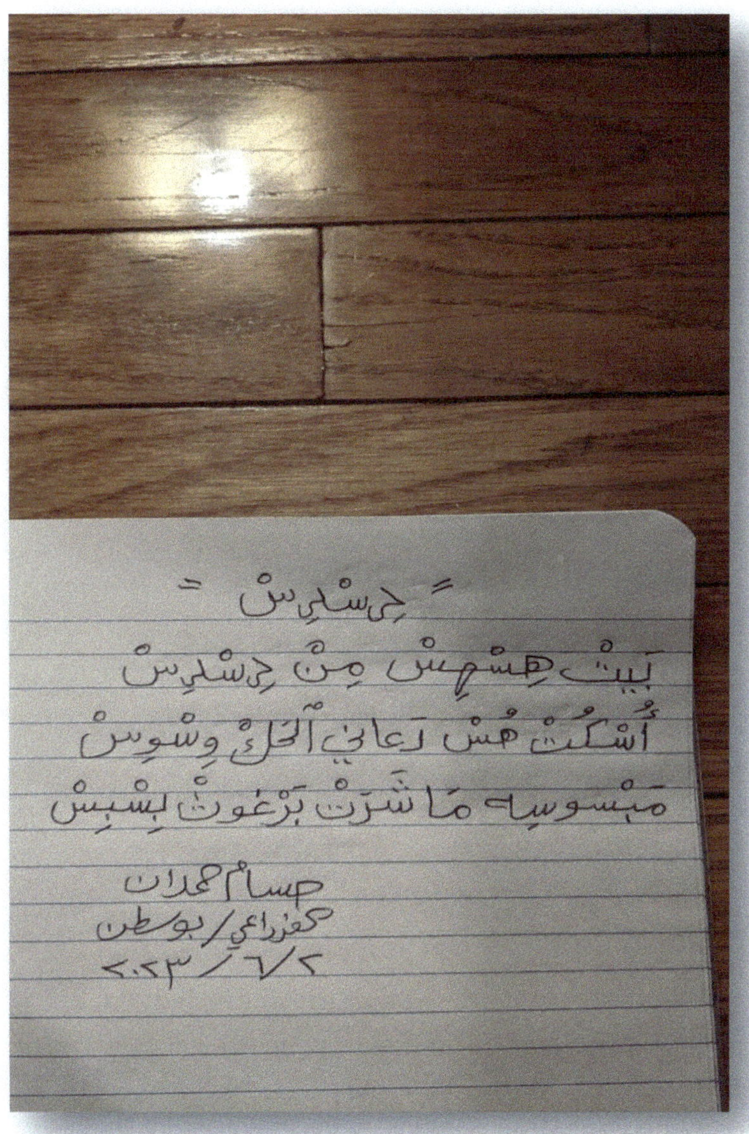

" حيشيرش "
بيت هشش من حيشيرش
أسكن هش دعاني الخلّي وشوش
مبسوسيه ما شرت برغوت لبسبش

حسام حمدان
كفرزاعي / وطن
٢٠٢٣ / ٦ / ٢

عَرَّافِهْ فَتَّاحَهْ

قَهْوَةْ بتالي لَيْل

عَرَّافَةْ قَرَأَتْ حِثُّمِلْ فِنجانْ خَاَرْطِةْ وَيْل

يَلَّهْ قُوومْ قَبِلْ مَا تَراني جَهَنَّم جَيْل

حسام حمدان

كفر راعي / بوسطن

٢٠٢٣/٦/١

= عَرَّافَةٌ / فَتَّاحَةٌ =

قَهْوَةٌ بِتَالِي لَيْلْ
عَرَّافَةٌ قَرَأَتْ حَقْلُه فِنْجَانْ حَائِطَةْ وَيْلْ
يَلَّلَهْ قُومْ قَبِلْ مَا تَرَانِي جَهَنَّمْ حَمِيلْ

حسام حمدان
كفرداعي / بوطن
٢٠٢٣ / ٦ / ١

بوراً

طَالَ الهَشيرُ بأرْضِ دَاري

بُوراً رَطَنْتُ وَيْحَكَ بُعْداً لِلْذِّكْرياتِ خَصيموا

طَويلاً لَا تَبْعُدَّنَ طَالَ اشْتياقي

تَطْلَةُ المِشْمِشْ عَلى الرُّغيفِ مَنْجلاً يَهيموا

حسام حمدان

كفر راعي / بوسطن

٢٠٢٣/٨/١٣

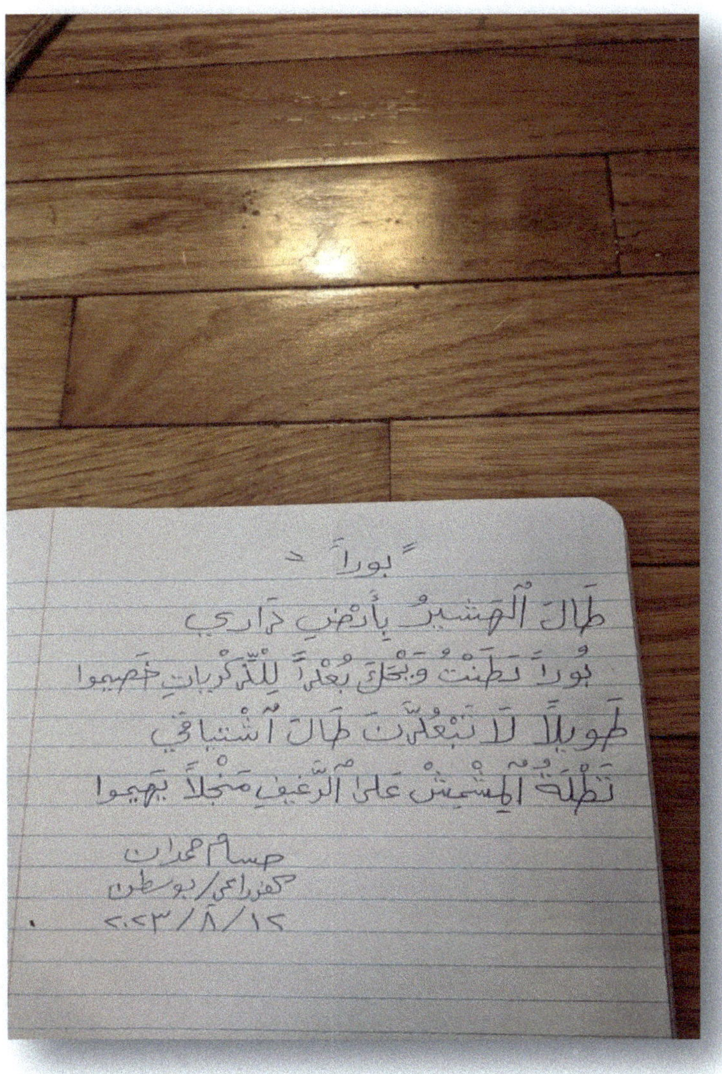

" بُوراً "
طَالَ الهَجيرُ بأرضٍ حراثي
بُوراً تَطَّنت وبَكَلاً بُعُداً للذكرياتِ خَصيبوا
طويلاً لا تَبعُدُن طَالَ اشتياقي
تَطُلَّةِ الشمسِ على الرغيفِ مَنجلاً يهيبوا

حسام حمدان
كفر راعي / يوطن
2023/8/15

إِخْتِصارْ

فِشِّ ثَمَرَهْ سَكِّرِ الكَميرَهْ

العينْ بِتْدَوِّرْ عَلى دَبَرَهْ

إكَعْ إنْ كُنْتَ بالحَصْرِ مُخْتَصَرَهْ

عَالكُوعِ وِكِعْ كُريّأتُ المناعةِ عالعَدَسَةِ

غَبَرَهْ

حسام حمدان

كفر راعي / بوسطن

٢٠٢٣/٨/٨

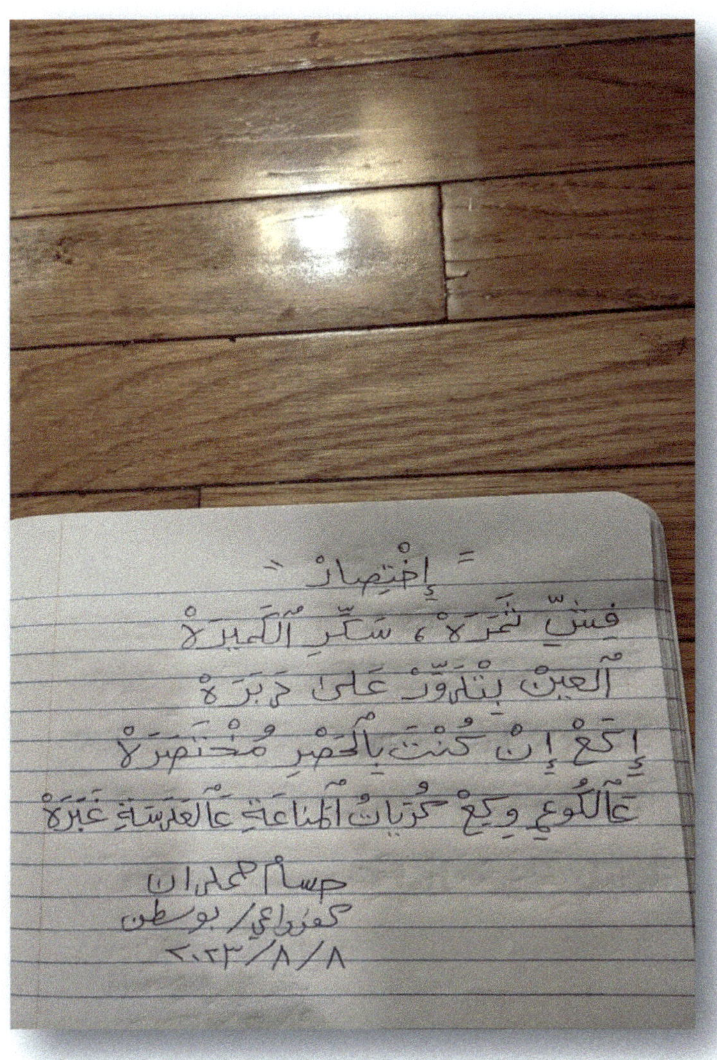

= إِخْتِصار =
فِش نَمرة ، شُكّر الكَبيرة
العِين بتدوّر على حَبّة
إِتْكَع إِن كُنتَ بالحَصِر مُحتَصِرة
عالكُوع وكَع كَزِيات الطّباعة عالعَرسة غِيرة

حسام حمدان
كهرباء / بوسطن
٢٠٢٣/٨/٨

تَمْ

التَّعميرْ طَوَّلْ شَعراتي مع حَرقِّ المسامير

لَقُصْهِنْ فُوقِ الذِّينِينْ وَزَمِّرْ زَمامِيرْ

زَيَّنْتِ الشَّبَكْ النَّظْوي حَبَكْ سَريرَة سَريرْ

المُفْتاح بجيبي حَمْدَاً لربِّ العالمِينْ

حسام حمدان

كفر راعي / بوسطن

٢٠٢٣/٨/٣

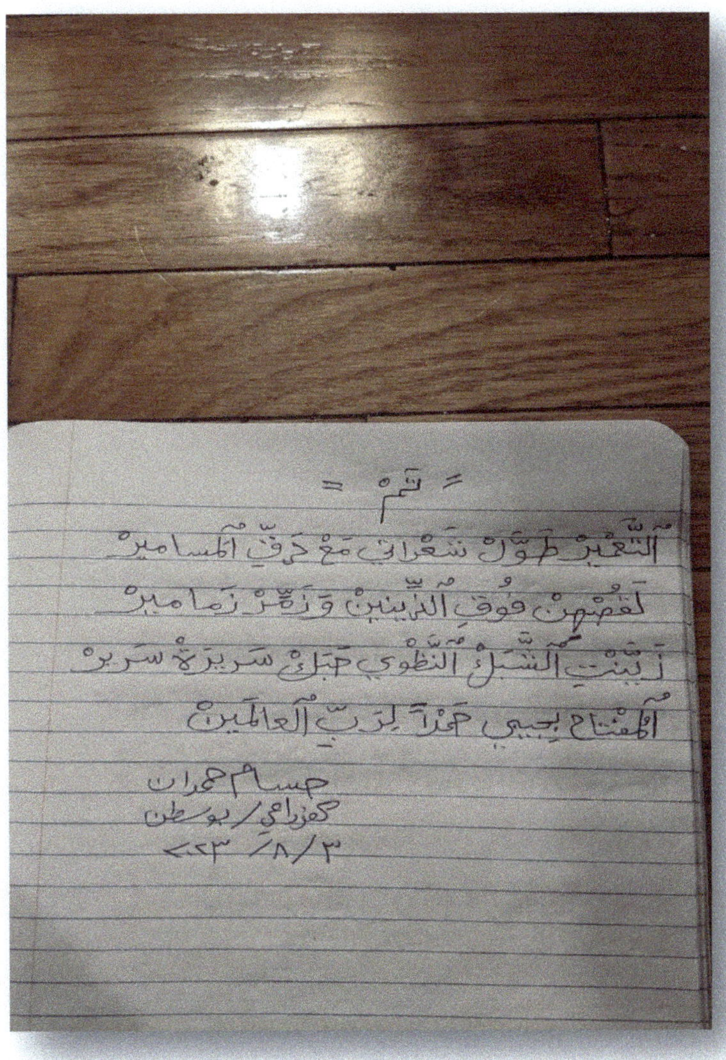

= تتمم =
التعبير طوّل شعراني مع حرق المسامير
لعضهن فوق الذراعين وأمّر مسامير
زينت الشعر النظوي حبال سريرة سرير
المفتاح بجسمي حمرا لرب العالمين

حسام حمدان
كفرزعامي / بوطن
١٤٢٣ / ٨ / ٣

قاطَعْناها مُقُاطَعَهْ

أحيانًا لَمْ نَسْلُك الطُّرُقْ العامَّةِ و المُخصَّصَةِ

بَل قاطَعناها مُقاطَعَهْ لِنَصِلْ المَكانْ وَنَقْضِي الغَرَضْ

مَرِّينا بحواchير وَفَعَطْنا سَناسِلْ

إتْشَعْبَطنا جُدرانْ نَطِّينا سُطوحْ لَمْحَتنا جَدايلْ

ذلكَ لأنَّنا نَثِقُ وَنمونُ على بَعضِنا بعضاً

حسام حمدان

كفر راعي / بوسطن

٢٠٢٣/٧/٢٩

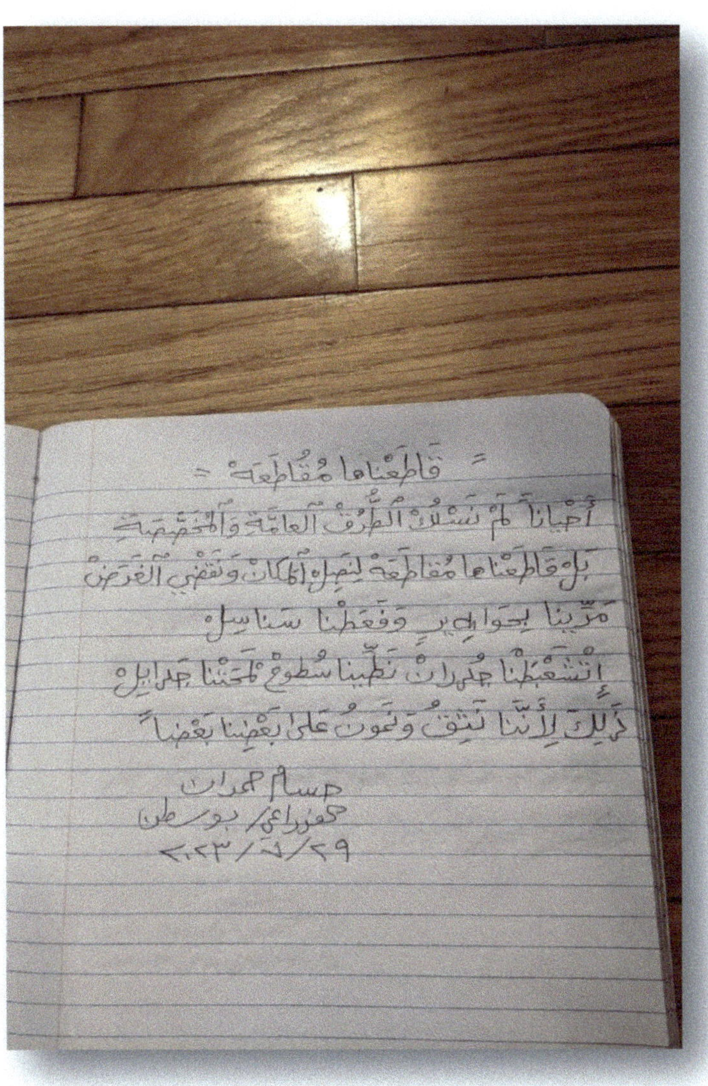

= قاطعناها مقاطعة =
أحياناً لم نسلك الطرق العامة والحكومية
بل قاطعناها مقاطعة لنهرب الأماكن ونقضي الغرض
مرّينا بحواري وقطعنا سلاسل
انشعطنا جدران نطّينا سطوح تختنا جدايل
ذلك لأننا نثق ونعوّن على بعضنا بعضاً

حسام عمران
كفرداعل / بوسطن
2023/6/29

وهم

اسْتِباحَةِ وَهْمٍ زَعْمٍ لَيْسَ عَلَيْها حُضَّارٍ وَمُخْتارٍ

ذَيحَةَ وَعْدٍ وَاعْلامٍ مُعَلَّقَةً بِوَهَمِ الوَهْمِ اسْقِرارٍا

مُدْمِنُ عَظْماً يَشْتَريهِ مَهْما تَعُضُّ اسْعارً

مُدْمِنُ لَحْمً يَشْتَريهِ رَشَوْةً بِوَهْمِ سَتَّاراً

حسام حمدان

كفر راعي / بوسطن

٢٠٢٣/٥/٢٨

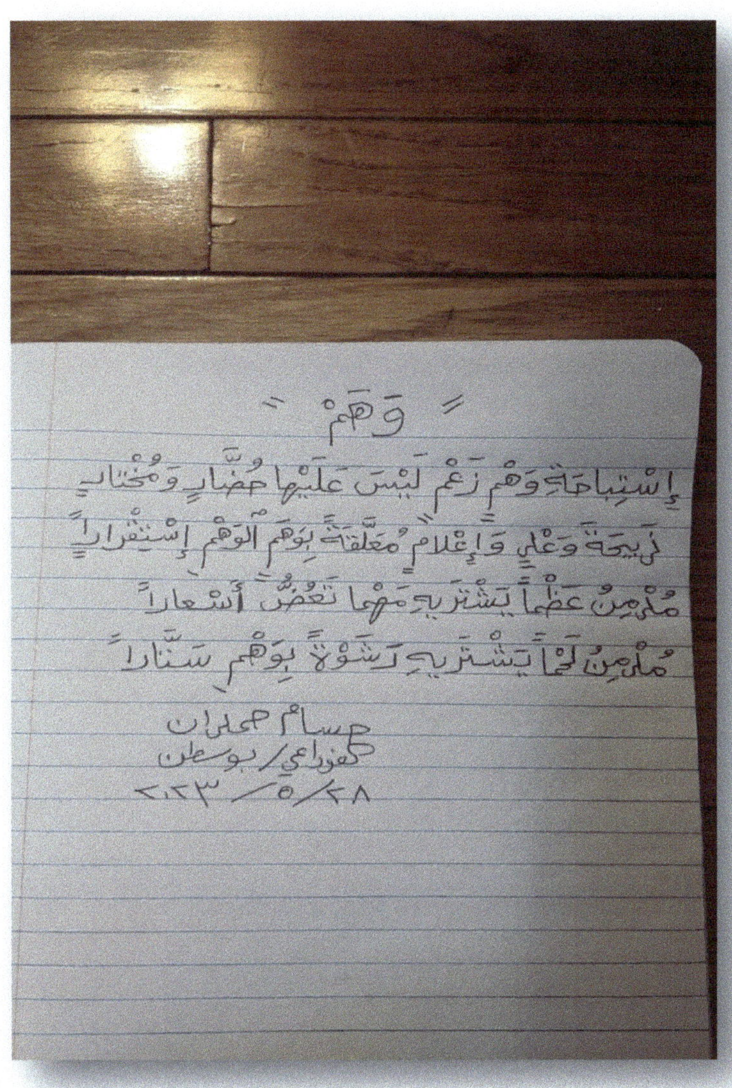

« وَهْم »

إِسْتِباحَةُ وَهْمٍ زَعْمٌ لَيْسَ عَلَيْها حِضارٌ وَمُخْتالٌ

نَبِيحَةٌ وَعْلٍ وَإِعْلامٌ مُعَلَّقَةٌ بِوَهْمِ الوَهْمِ إِسْتِقْرارا

مَنْ مِنْ عَظْماً يَشْتَريهِ مِنْها تَعْضُ أَسْعاراً

مَنْ مِنْ أَنَّها يَشْتَريهِ رَشْوَةٌ بِوَهْمِ سَنّارا

حسام حمدان
كفرزراعي / بوطن
٢٠٢٣ / ٥ / ٢٨

مَا بالإسْمْ

رَبَّنا إخْتَرْتَ لَكيانِكَ تِسْعَةً وَتِسْعينَ إسِمْ

إهْدِنا إسْما مُحْتويًا شَهِمْ

ما بالإسْم نَصيباً وَقِسْمةَ قَسَمْ

رَفَعَ أقْزاماً وَبرَى رَصاصَ قَلَمْ

حسام حمدان

كفر راعي / بوسطن

٢٠٢٣/٨/١٨

= مَا بِالإسم =

رَبّنا إِختَرتَ لِكيانِك تِسعة وتِسعين إِسم
أَهدِينا إِسماً إِسماً مُكنوياً شُمِّهم
ما بِالإسم نَصيباً وقِسمة قَسِّم
دَفعَ أقزاماً وبرى تَضامنَ قَلم

حسام محلان
كفرزاعي / بوسطن
٢٠٢٣/٨/١٨

ضَرَّةٍ نَافِعَهْ

حَلِّيتُهْ عَنْ رَقْبَته رَسَنِ البَعيرْ

رَفَسْني بِشَكِلِتُهْ وَدَّاني السَّريرْ

صَيَّحْتُ وَهو نَهَّقُ مَا سِمعْنا قَريب أو فَريرْ

الرَّسَنْ مُرْجيحةُ صَغيرْ بحُضْنِ كَبيرْ

حسام حمدان

كفر راعي / بوسطن

٢٠٢٣/٨/٩

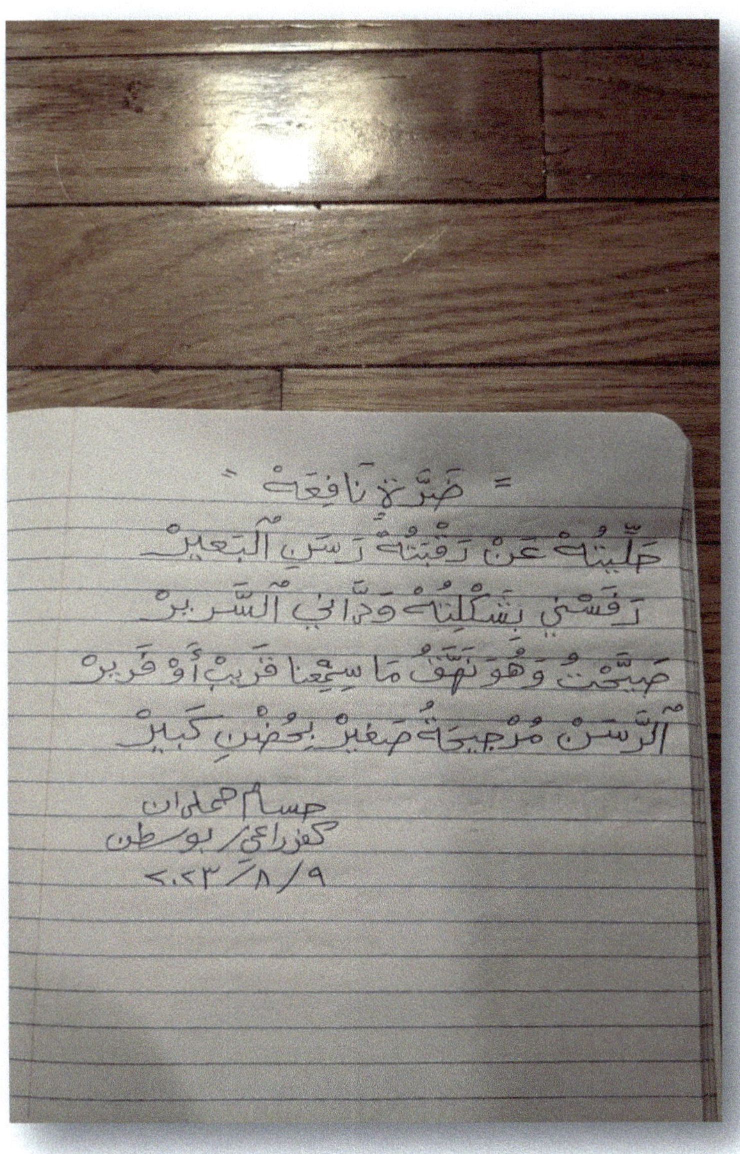

= ضَرّة نافعة
حَلّيتُه عن رقبته رأس البعير
رفّشني بشكلته وجراب السرير
صيحت وهو نهق ما سمعنا قريب أو فريب
الرسن مرجيحة صغير بحضن كبير
حسام هملان
كفرزاعي / بوطن
٢٠٢٣ / ٨ / ٩

تَزَحْزُحْ

مَا بعْرفْ يرْكَبْ حِمارَهْ

بدُّهْ مَكانْ عَالي عَمُسْتَوى ظِهارَهْ

وِقِفْ عَلى كُرْسي زَحْزَحتْ إنْفَلخَتْ رِجْليهْ وِقِعْ عَثُقُبْتُهْ

إِنْ شَطَارَه ظَنِّيتُه بِرْكوبِ الخَيلْ عِنْدُه مَهارَ

حسام حمدان

كفر راعي / بوسطن

٢٠٢٣/٦/٤

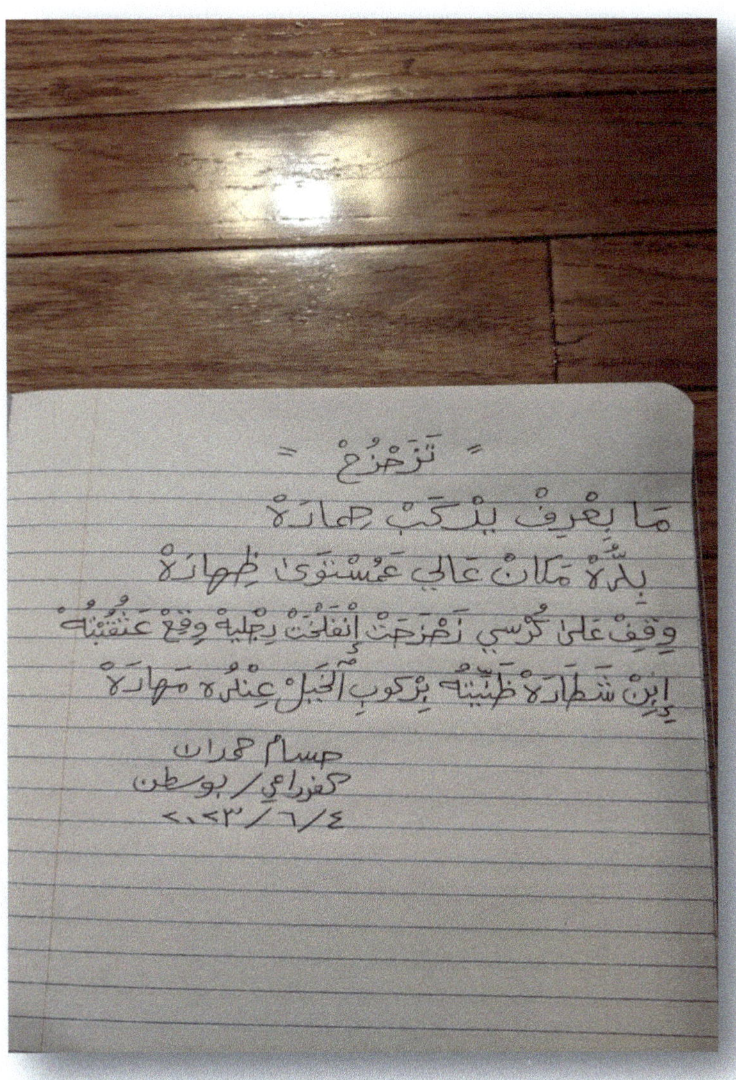

= تَزَخْزُخْ =

ما بْعْرِفْ يْزَكَتْ رِهَانَةْ
بْكِلَّه مَكَانْ عَالِي عَمُسْتَوَى ظِهَارَةْ
وِقِفْ عَلَى كُرْسِي نَضْرَحَتْ انْفَلَتْ رِجْلِيِة وِقِعْ عَنْقِبَة
ابِنْ شَطَارَةْ ظِنِّيتَه بْرَكُوب الخَيْل عَنْفَة مَهَارَةْ

حسام مهران
كفرداعي / يوطن
٢٠٢٣ / ٦ / ٤

حُرِّيَةْ

خطر على بَالي هَالمَقْطَعْ

سَيفي تِحْتْ رَاسَك ما يسْمَعْ كَلامَكْ

ما اتْعَبِّرْ عَنْ رَايك وَشَاغِلْ بَالك

غَنِّيلي عَلى دَلْعونا واقْطَعْ

حسام حمدان

كفر راعي / بوسطن

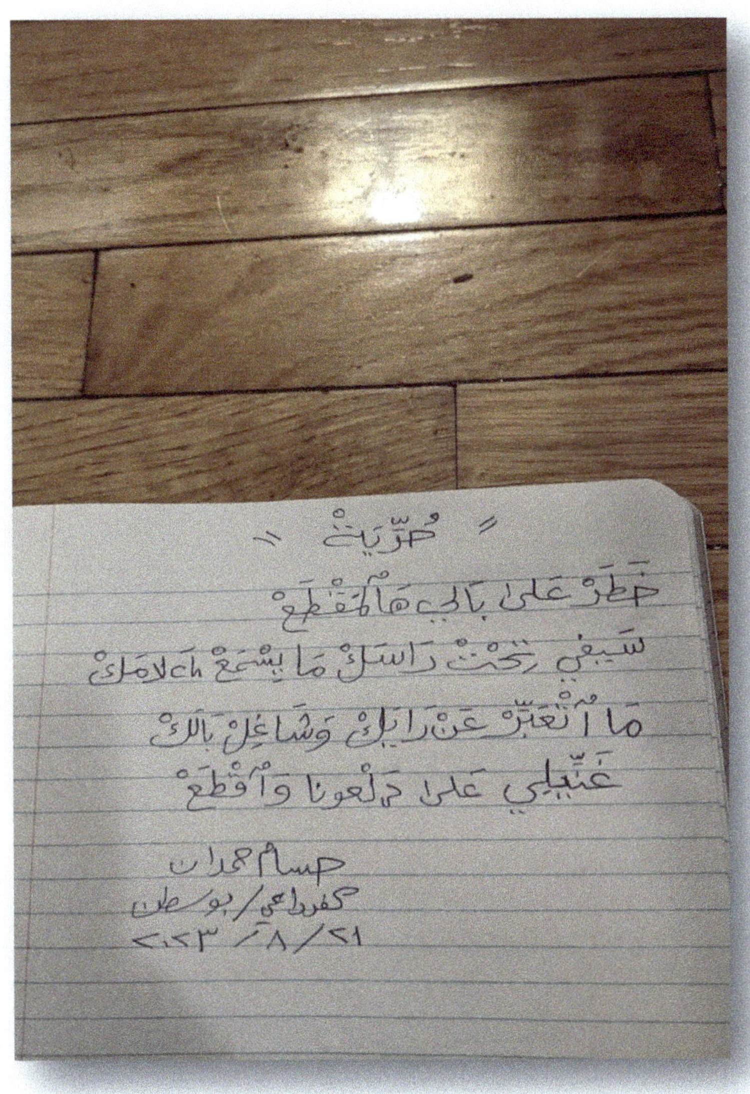
« مُحَيَّرة »
خَطَر على بالي هالمقطَع
سيبي رِكِت راسَك ما بِسمَع كلامَك stoych
ما أعَبّر عن رأيَك وشاغِل بالَك
غَنّيلي على حَلَعونا وأقطَع

حسام حمدان
كفرقاسم / وطن
٢٠٢٣/٨/٢١

رِيحانْ

شَمُّ شَمُّ هَا الرِّيحانْ

إِخَلِّي لَّهْ هَاالرِّيحانْ

رُشُّوا العُطُرْ مَيِّ يَا قُبْطانْ

رَمى شْباكُهْ تَعَلَّقَتْ عَروسِةْ قِيعانْ

مَصْمودِهْ بحِلِّتْها يَاقوتْ وَمَرْجانْ

حسام حمدان

كفر راعي / بوسطن

٢٠٢٣/٩/٧

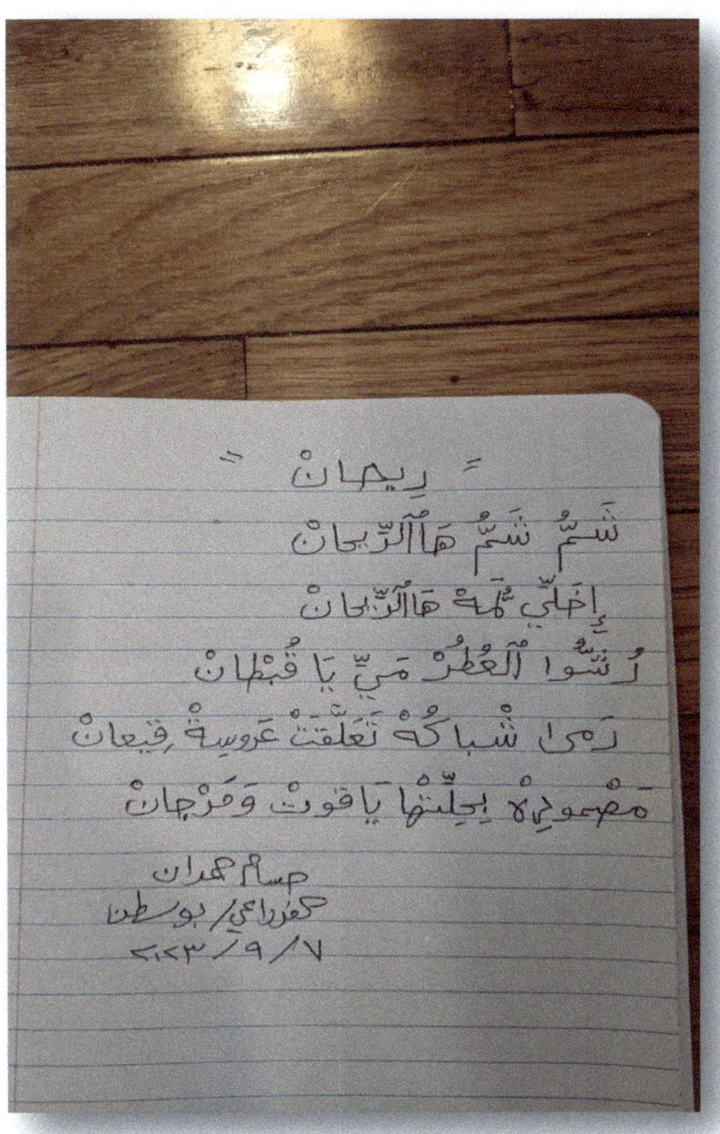

ريحان

شَمُّ شَمُّ هَا الرَّيحان
اخلّي كُلُّه هَا الرَّيحان
رُشّوا العُطُر مَي يَا قُبطان
رَمى شِباكهُ تَعلَقَت عَروسِهُ وفيعان
مَصونِهُ يحلِنها ياقوت وَمَرجان

حسام حمدان
كفرراعي / بوطنا
۲۰۱۳ / ٩ / ٧

صَبيْ

وَأَنا أَجْني العَسل قَرَّصني النَّحْل

إِنْتَفَخَ وِجهي وَلِعِدَّةِ ايَّامٍ فَقَدْتِ النَّظَرِ

مُجازَفَةِ صَبيٍّ بالخَلِيَّةِ خَلاياهُ خَوِيَّةٍ

لَا قِناعٍ وَلاَ دُخانٍ خَمَدَ ثُوْرَةِ عِزَّةٍ

حسام حمدان

كفر راعي / بوسطن

٢٠٢٣/٩/٤

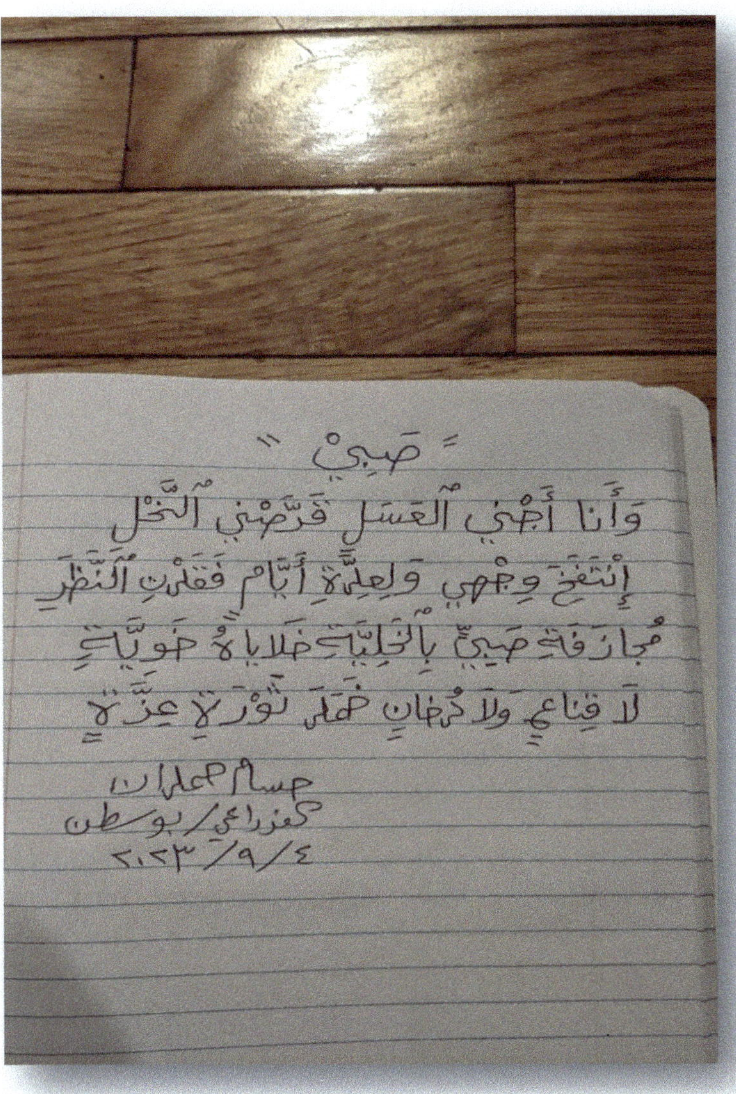

= صِبْيٌ =

وَأنا أَجْنِي الْعَسَلَ قَرَّصَنِي النَّحْلُ
إِنْتَفَخَ وَجْهِي وَلَعَلَّهُ أَيَّام فَفَلَّتِ النَّظَرَ
مُجّان فَنْ صَبِيٍّ بِالْخَلِيَّةِ خَلايا هُ خُوِيَّا
لا قَناعٍ ولا دُخَّان حَتَّى ثَوْرٌ لا عِزَّهُ

حسام ملا
كفر زراعي / بوطن
٢٠٢٣/٩/٤

أوْلى

لِسانْ يَمُرُّ خَارِطَةَ العالَمْ بِلاَ نِسيانْ

أَسَفاً نَسِيَ أَنْ يَمُرَّ عَلى إنْسانْ

الأَقْرَبونَ أوْلى بِالمعروفِ شِيمَةً وَعُرْفانْ

رَمْ الزَّمانِ لَلزَّمانِ وَسَهْرَ بِعَمَّانْ

حسام حمدان

كفر راعي / بوسطن

٢٠٢٣/٨/٢٢

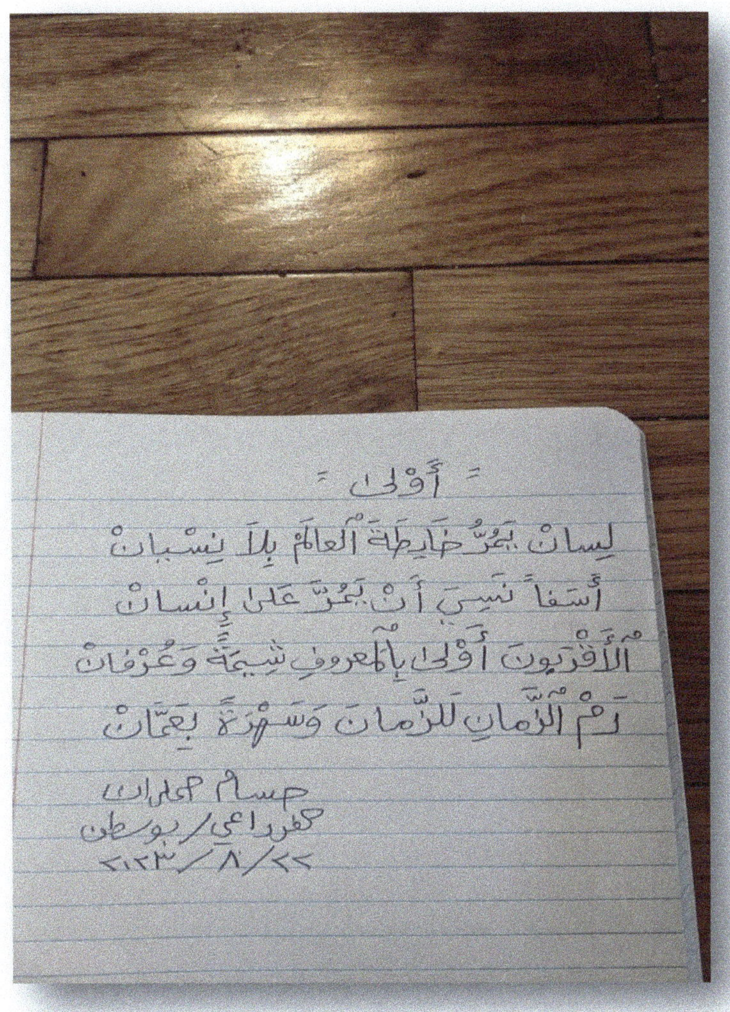
= أَوْلَى =
لِسَانٌ يَعُرُّ خَارِطَةَ الْعَالَمِ بِلَا نِسْيَانْ
أَسَفًا نُسِّيَ أَنْ يَعُرَّ عَلَى إِنْسَانْ
الْأَقْرَبِيُّونَ أَوْلَى بِالْمَعْرُوفِ شِيعَةً وَعُرْفَانْ
ثُمَّ الزَّمَانُ لِلزَّمَانِ وَسُفْرَةٌ بِعُمَانْ

حسام عمران
كطر داعي / بوطن
٢٠٢٣ / ٨ / ٢٢

حُرْ

حامِل عَلى ظَهْرِه عِبْئًا سَديدْ

لا ريب مني رِجْلينُهْ بريدْ

يُكَلِّمُني ماشي صابراً عنيدْ

أَسقَيْتُه مَيِّهْ إخْتَفى بَعيدْ

هُناكَ بَينَ الجِبالْ مَشروبَ الحُرِّ جافْ

حسام حمدان

كفر راعي / بوسطن

٢٠٢٣/٦/١٠

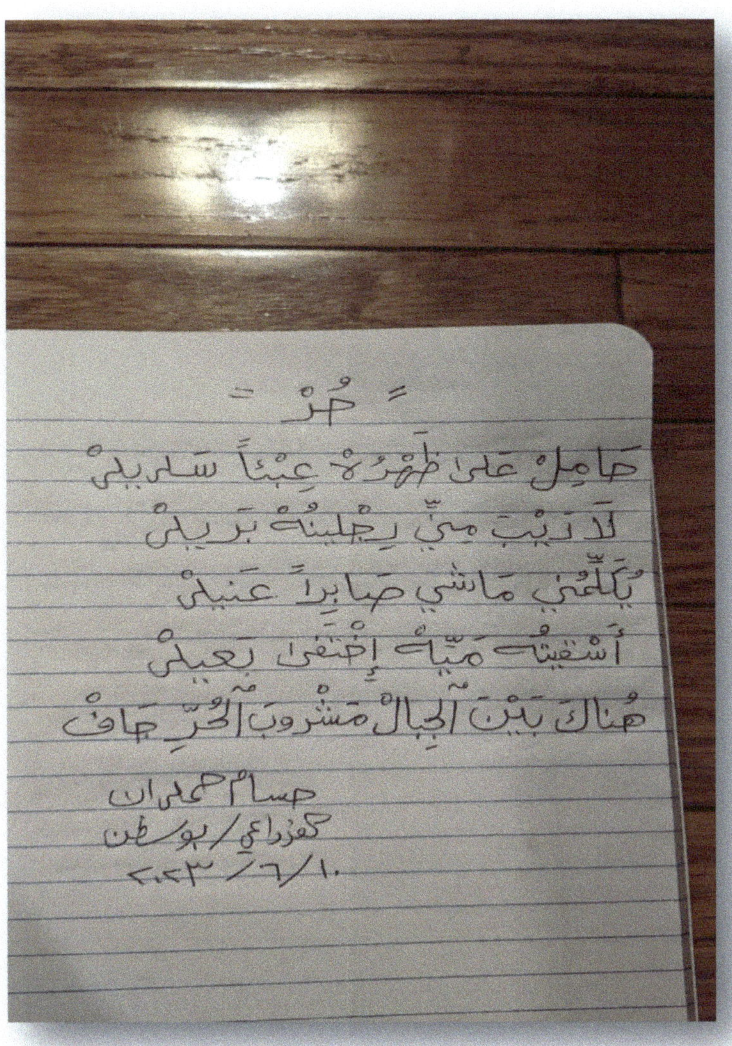

حُرّ
حامل على ظهره عيناً سليبي
لا تنب مني رحلينه بريبني
يكلّمني ماشي صابراً عنيني
أسقينه ميّاً اختفى بعيني
هناك بين الجبال مشروب الحرّ جاف
حسام حميدان
كفرداعي / بوطن
٢٠٢٣ / ٦ / ١٠

عَرْضْ

افْتَرَضْنا فَرْضْ مَعْرَضْ لِغَرَضْ:

قُلُوبْنا عَلى بَعْضْ

وَقُلُوبْ غَيْرْنا عَلى مَا عَرَضْ

عَرْضِ بَعْضْ رَخيصْ مَا قَبَضْ

عَرَضْ قَلْبْ غَالي الحُبْ مَا قَبَضْ

قَبْضَةِ عَرْضْ وَجَدَتْهُمْ بَيْنَ الشَّراشِفِ يَعْرِضونْ

حسام حمدان

كفر راعي / بوسطن

٢٠٢٣/٦/٤

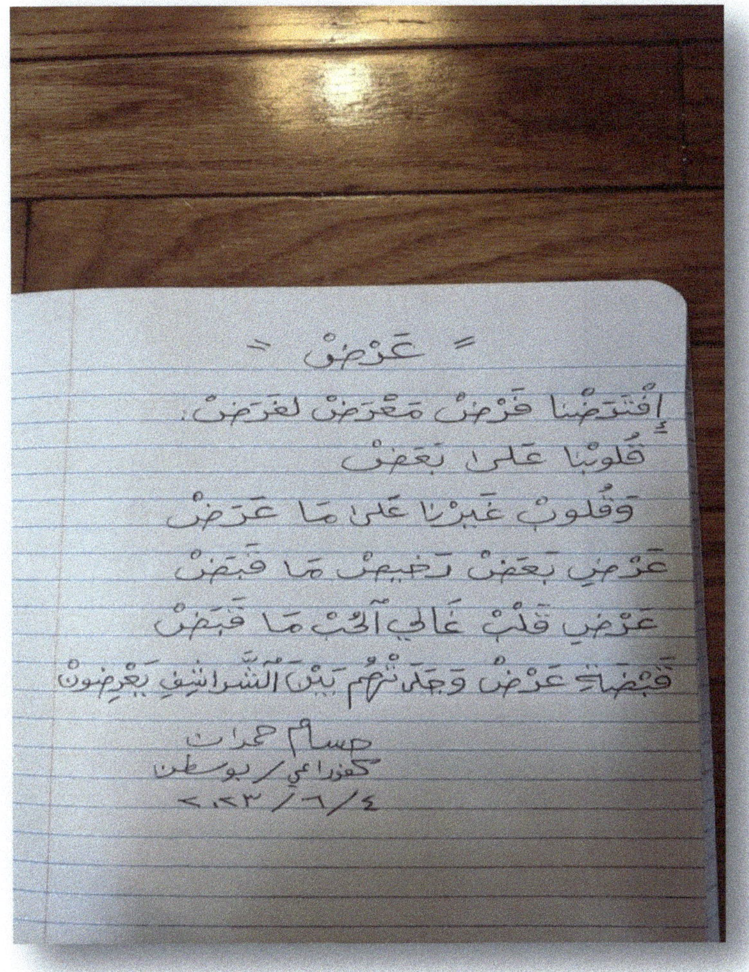

= عَرْضٌ =
إفتَرَضْنا فَرْضٌ مَعْرُوضٌ لِغَرَضٍ
قُلُوبُنا عَلى بَعْضٍ
وَقُلوبٌ غَيْرُنا عَلى ما عَرَضْ
عَرْضِي بَعْضٌ تَخِيضٌ ما قَبَضْ
عَرْضِي قُلْتُ غالي الحُبِّ ما قَبَضْ
قَبْضَةُ عَرْضٌ وَجَعَلْتُهُم بَيْنَ الشَّرانِفِ يَعْرِضُون
حسام حمدات
كفردامي / يوطن
٢٠٥٣ / ٦ / ٤

إثَارَةْ

أَرْضْ عَلى مَدَّة عَينَكْ مَا تَرى

حَبَّةْ وَرا أُختْها إنْدَفْنْت تَحتُه ثرى

أَحْياها مَطَر زَرْعاً يَانِعًا كَسْوَةْ نَمى

هَكذا رَحْمَةِ دِينًا أحْيَتْ بَناتْ بجَهْلٍ جَرى

نَفْسِ الأَرْضْ يَثيرُها الزَّمانْ قَفْلا دخْلاً

حسام حمدان

كفر راعي / بوسطن

٢٠٢٣/٦/١٠

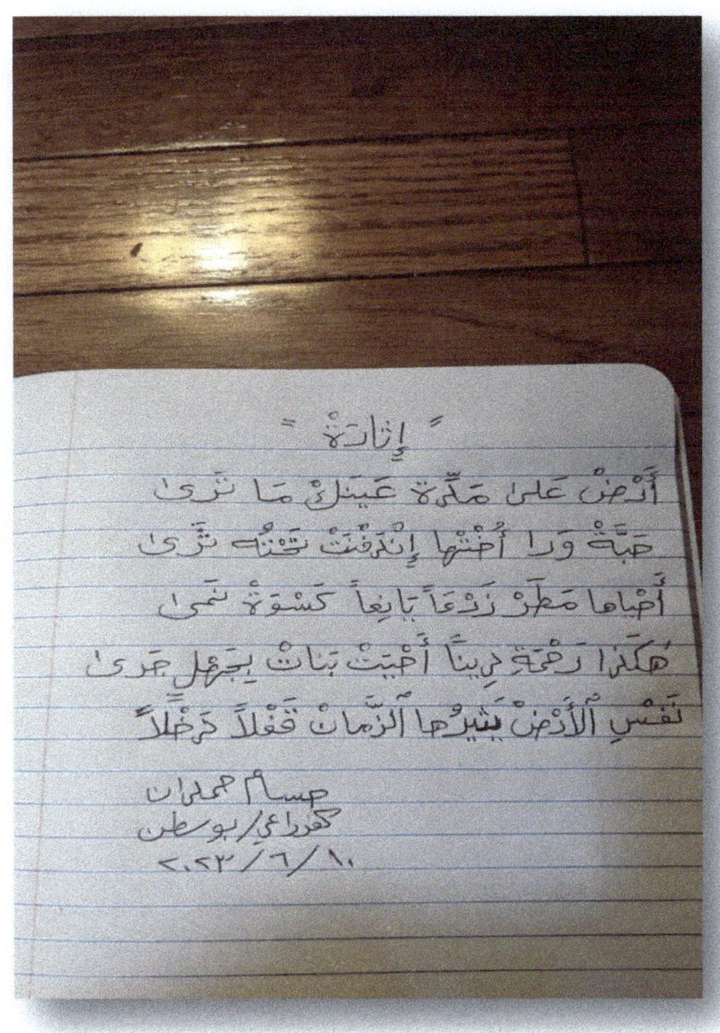

" إزاحة "
أَرْضٌ على مَكَّةٍ عَيْنُكَ ما تَرى
حَبَّةٌ ورا أُختِها إنْدَفَنَتْ تَحْتَهُ تَرى
أَحْياها مَطَرٌ زَرْعاً يانِعاً كَسْوَةٌ نَمَى
هكذا رَحْمَةٌ ديناً أَحْيَتْ بَناتٍ بِجَرْهِل جَرى
نَفْسِ الأَرْضِ يُشيرُها الزَّمانُ تَغُلاً دَرْظُلاً

حسام حمدان
كوردي / بوطن
٢٠٢٣ / ٦ / ١٠

مَشْيَةْ

دَبْشَةِ حَجَرْ مَغْمورَة بِمَيَّةِ جُورَةْ

إِدَّعْثَرْتُ بِها   شَقْلَبِتْ بِراسي دَعْدُورَةْ

أُحِبُّ المَشْيَ بِالمَطَرِ وَعَلى بُقَعٍ عُورَةْ

بِلا مَعْطَفْ وَمَظَلَّةْ ظَلِّيتْ بِزَخِّ مَطَرِ فَوَّارَةْ

بِظِلِّ شَادِرٍ لَمْ تَجِدْ يَدايَ بِالرَّاسِ دَعْدورَه

حسام حمدان

كفر راعي / بوسطن

٢٠٢٣/٦/١١

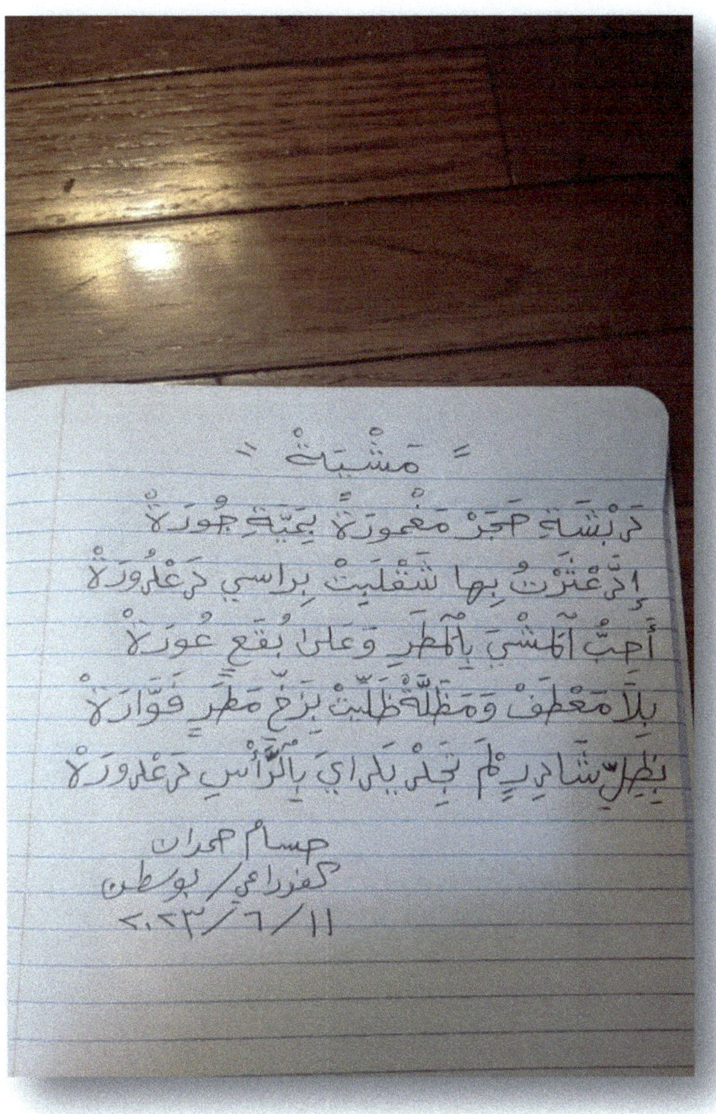
= مَشِيَّة =
في نَشأَةِ عَجزٍ مَعمورَةٍ بِعَينَيْ جُورَة
إن عَثَرتُ بِها شَقَلِبَتْ بِراسي دَغْدُورَة
أُحِبُّ المَشي بِالمَطَر وَعلى بُقَع عُونَة
بِلا مَعطَف وَمَظَلَّة ظَلَّيتُ بَرْج مَطَر قَوّارَة
بَطَر شَادِر لَم تَجِنّ يَدَيْ بِالرَأس دَغْدُورَة

حسام حوران
كفردان / بوطن
٢٠٢٣ / ٦ / ١١

أيّ ...

أسَدْ بجْعَرْ بينِ الحاراتْ

لَاعَبُهْ وَدَاعَبُهْ بظَمَّةِ لَيراتْ

أسَدْ بجْعَرْ بدونِ أنْيابْ

مَا برْعِبْ إلَّا كَحِبْ وَعايبْ بدونِ اعْتابْ

أسَدْ بجْعَرْ بدونِ بَيظاتْ

لَا بجْرأْ وَلاَ بجْهَرْ

حسام حمدان

كفر راعي / بوسطن

٢٠٢٣/٩/٥

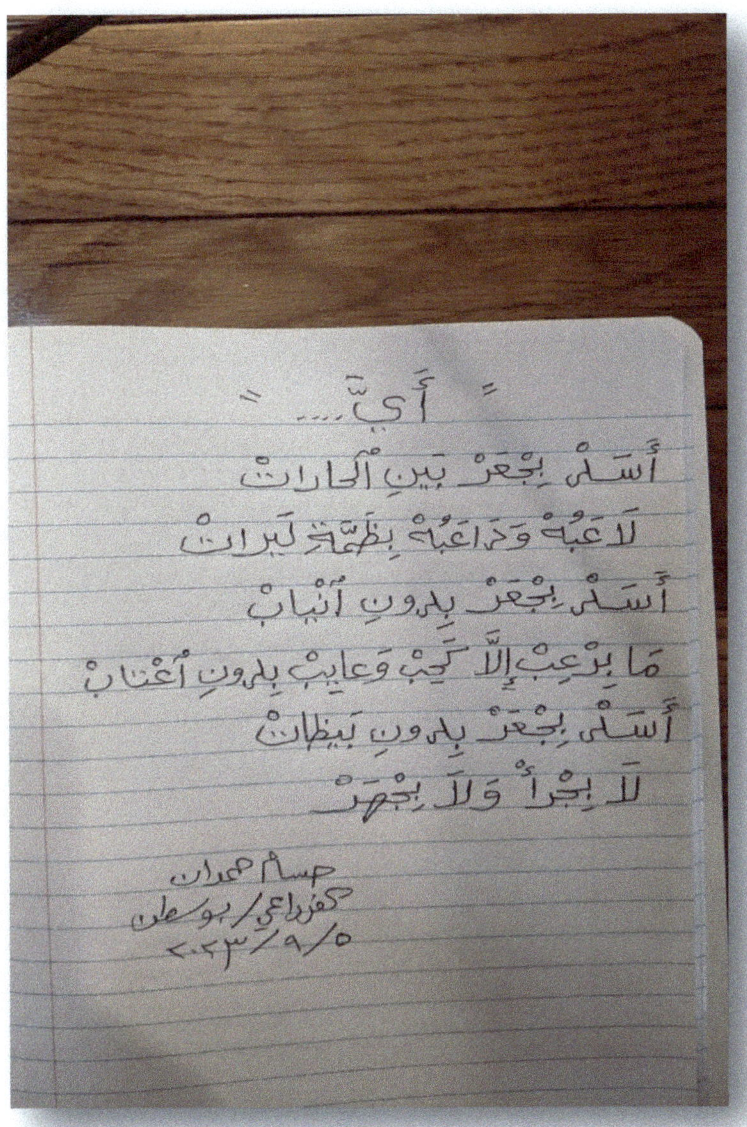
" أيّـة ..... "
أُسُدْ بجعرْ بين الحارات
لاعبة وحراعبة بظمّة ليرات
أُسُدْ بجعرْ بدون أنياب
ما بترعب إلّا كيت وعاييت بدون أغصان
أُسُدْ بجعرْ بدون بيظان
لا بجرا ولا بنجهر

حسام حمدان
كفرراعي / بوسطن
٢٠٢٣/٩/٥

سَلِّةْ

بفَيَّةِ شَجَرْ تَرَبَّعَ عَلى الارْضِ لِيَبْني سِلالْ

خِيطانِها قَصَبْ نَمى بَيْنَ تِلالْ

يَحْبِكُ وَيعْقِدُ بأصابع احْيانًا تَاهَتْ غِلالْ

غَابَتِ الشَّمْسُ بسَلَّةٍ رَحْبِها مَواعينْ عِيالْ

حسام حمدان

كفر راعي / بوسطن

٢٠٢٣/٦/٤

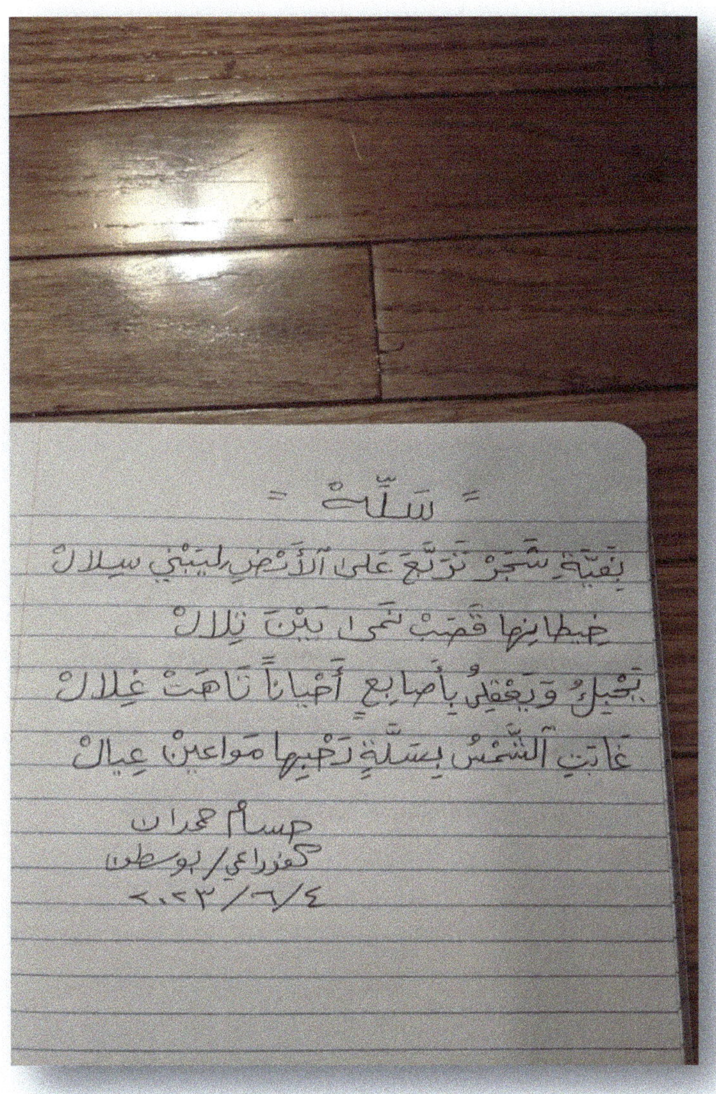

= سَلّة =
بَقِيَّة شَجَرٍ تَرْتَع عَلى الأَرْضِ لِتُبْني سِلال
خيطابها قصب نمى بين تِلال
تخيّل وَيغفيني بأصابع أحياناً نامَت غِلال
غابَتِ الشَّمسُ بِسلّةٍ رحبها مواعين عِيال

حسام حمران
كفرراعي / يوطن
٢٠٢٣ / ٦ / ٤

نَفْسي جنَّتي

عِزْ نَفْسَكْ تَجِدُها

وَجَدْتُها قُدَّامي حُرَّةً مُسْتَقِلَّةً

وَكُلَّ اشيٍ مُحَلَّلاً مُباحًا

رَبِّي يُرَدِّدُ لَكَمْ فِيها مَا تَشْتَهي انْفُسُكم

وَمَا تَدْعونَ نُزُلاً مِنْ غفورٍ رَحيم

حسام حمدان

كفر راعي / بوسطن

٢٠٢٣/٩/٤

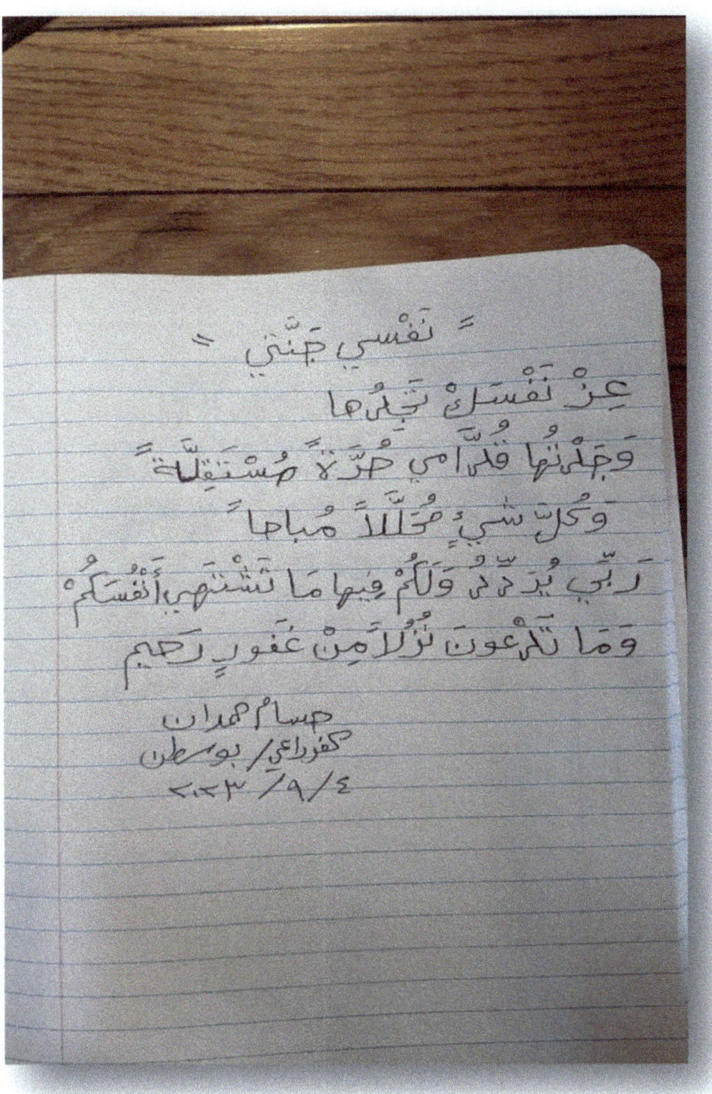

= نَفْسِي جَنَتْنِي =

عَنْ نَفْسِكَ تَجْنِيها
وَجَنَّبْتُها فَلِرامي حُرٌّ مُسْتَقِلَّة
وَكُلُّ شَيْءٍ مُحَلَّلٌ مُباحًا
رَبِّي يُرَدِّدُ وَلَكُمْ فيها ما تَشْتَهي أَنْفُسُكُمْ
وَما تَدَّعُونَ نُزُلاً مِنْ غَفُورٍ رَحِيم

حسام مهران
كفرراعي / بوسطن
٢٠٢٣ / ٩ / ٤

وَهَمْ

أحاطَها بما طَلَبَتْ وَتريدُوا

ظَبْظَبَتْ حَالَها وَبِخِرْقَتِها قَبْعَتْ بَعيدُوا

مَا حَزَرَ الخَيْطُ ثُقْبُ الخَرَزِ أحْيانًا عَنيدُوا

القَلْبُ يَهْوى مَنْ بالحُبِّ حُرّاً وَريدُوا

حسام حمدان

كفر راعي / بوسطن

٢٠٢٣/٨/١٩

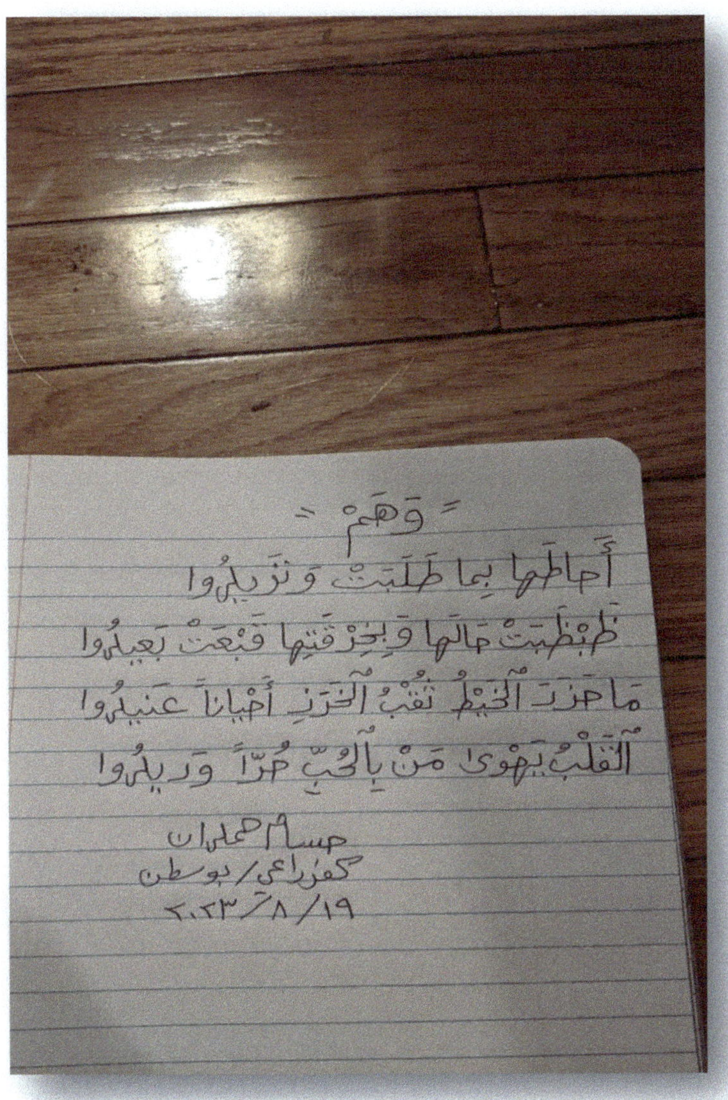

= وَهْم =

أحاطوها بما طَلَبَتْ وَنَزَيِّنوا
نَظَّفتْ مالها وبحزنها قَبعتْ بعيدوا
ما حَزَّ الخيطُ نَقبُ الحزنِ أحيانًا عنيدوا
القلبُ يَهوى مَن بالحبِّ مُرًّا وَريدوا

حسام محمدان
كفرراعي / وطن
٢٠٢٣ / ٨ / ١٩

ضِيزى

رِيشَةْ فَنَّانْ مِنْ بَيْنِهِ رُكامْ

تَسيرُ بِدَمْعٍ بَيْنَ حَاراتًا دَمَّرَتْها لِئامْ

بِالمالِ وَلَا بِالعِيالِ تِكْرارًا بِوَهْمِهِ سَلامْ

عَدْلَهُم ضِيزى لَشَعْباً مَصيَرَةُ مُزْدَهِماً بِكَلامْ

ارْسُمْ رَسَّامْ لَعَلَّ لَوْحَتَكَ ايْقونَةْ ضَمائِرْ وَ احْلامْ

حسام حمدان

كفر راعي / بوسطن

٢٠٢٣/٧/٩

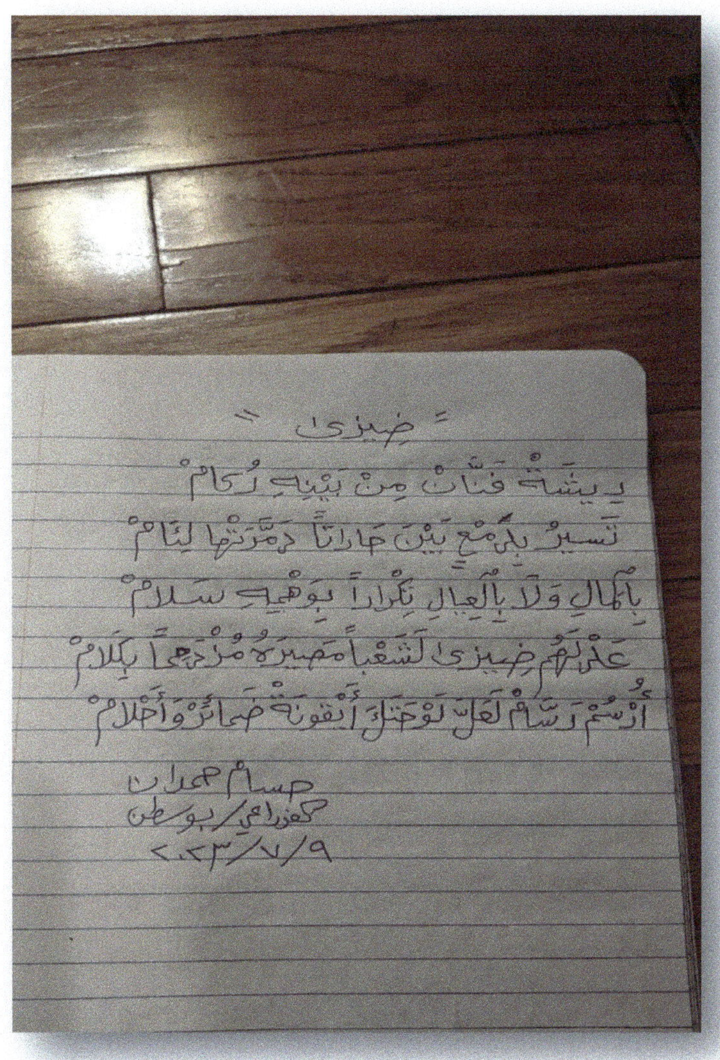

" ضيزى "

يعيش فنان من بينهم ركام
تسير بي مع بين جارات دمرتها لئام
بالمال ولا بالعيال تكرارا بوجهي سلام
عذركم ضيزى لشعب مصيره مرجح بكلام
ارسم رسام لعل لوحتك انقونة ضمائر واحلام

حسام مهران
الكوفة العراق / بوطن
٢٠٢٣/٧/٩

شَرْوِةْ

اشْتَرِيتْ بَيِتْ خَرْبانْ امْتَعْتَلْ

بَدُّهْ تَصْلِيحْ وَتَرميمْ حَتَّى يَتْعَدَّلْ

مِنْ وِينْ بدِّي ابْدى رَدِّي بَدِيلْ

هِدِّ المِهْتري وَعَلِّقْ مَنْديلْ

شُفْتِ الفَضى وَداعًا مَا مَضى عِمْراني طَويلْ

حسام حمدان

كفر راعي / بوسطن

٢٠٢٣/٧/١١

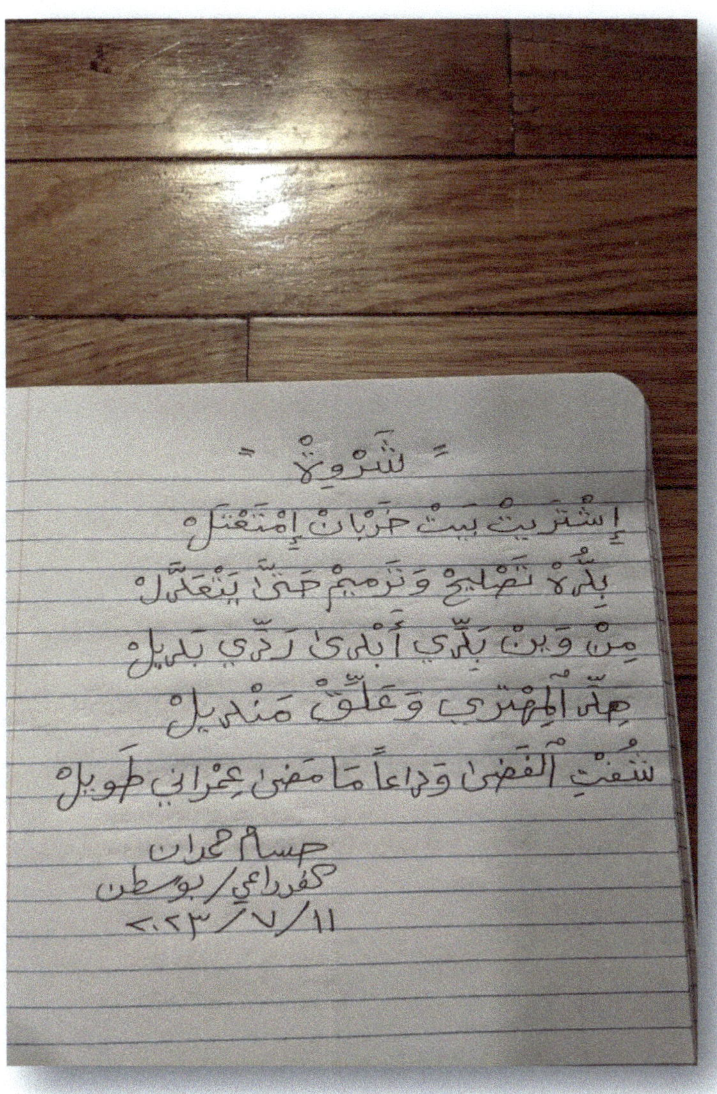

" شَرْوِلَا "
اشتريتُ بيتَ جيرانٍ إمتفعلْ
بدّه تصليح وترميم حتى ينعقلْ
من وين بقّى أبري ربّي بديلْ
حتى المشتري وعلّق منديلْ
شفتِ القضن وداعاً ما مضى عمراني طويلْ

حسام عمران
كفر راعي / وطن
٢٠٢٣ / ٧ / ١١

إعْتِذارْ

دَخيلَكْ اصْبَحَ الاعْتِذارْ عَادَةً سَلاحًا

يَعُمُّ التَّبْريحْ وَالتَّجْريحْ الانانِيَّةْ وَالانْتِهازِيَّةْ اسْتِغْلالَ

يَكْذِبُ يَفْسِدُ يَشيعُ بالتَّعليلِ يَشِنُّ حَرْباً

يَقْتُلُ وَيُدَمِّرُ يُسَيْطِرُ بطَوْعٍ مِنْهُ اعْتذاراً

اذا الاعْتِذارْ فَضَّه الحِرصْ ذَهَبْ

حسام حمدان

كفر راعي / بوسطن

٢٠٢٣/٦/١٠

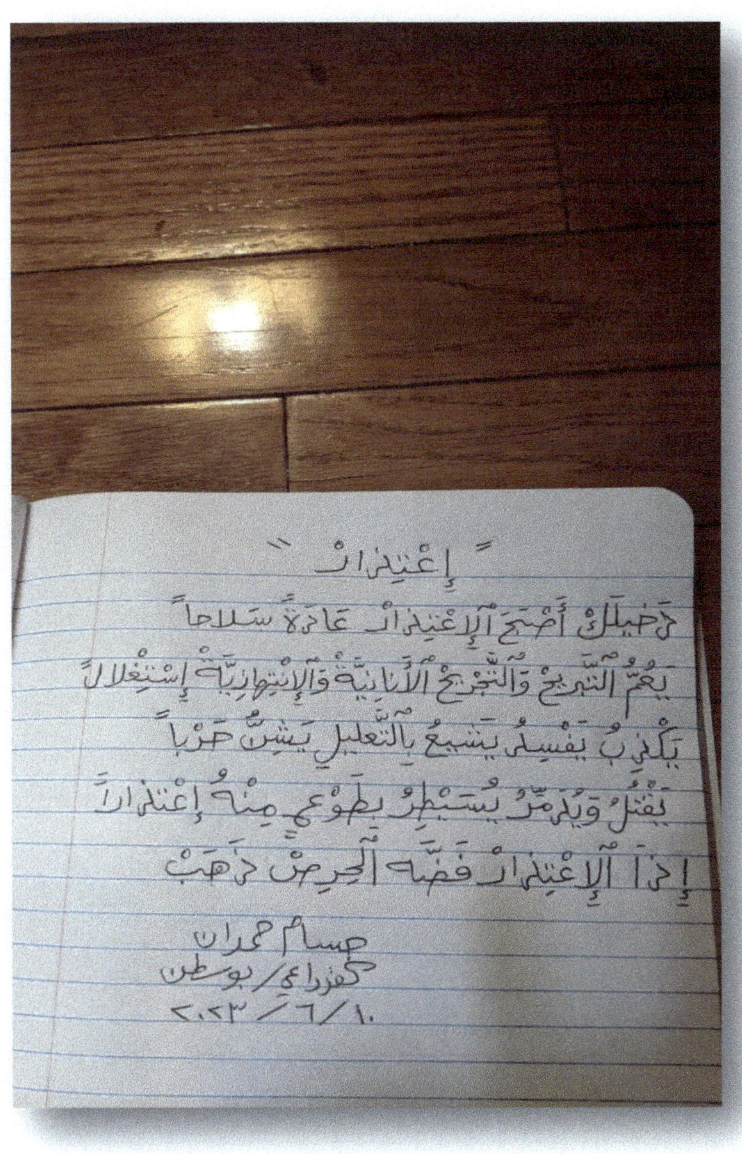
إعتِذار
خجيلَك أصبح الإعتذار عانِيةً سلاحاً
يعمُّ التبريح والتجريح الأنانية والإستحمارية إستغلال
يُكذّب نفسِه يشيع بالتعليل يشنُّ حرباً
يقتل ويُدمّر يُسيطر بطوعٍ منه إعتذار
إذاً الإعتذار فضّه الحُرِّ من ذهب

حسام حمران
كفرداعم / بوطن
٢٠٢٣ / ٦ / ١٠

هَلْ يَا تُرى؟!

خِلْصِ الصِّيفْ دَخَلَ الخَريفْ

بحَدِّ السَّيفْ تَعَيَّنْ عَريفْ

تَتَساقَطُ الاوراقْ يَطْنِبُ الضَّعيفَ على النحَّيفْ

صَبْراً بِالغَمَدِ اشْواكَ صَبْراً بِمَخَاليقِ

تَادَةً اسْعافَا نَزيفٍ

اخْرى مَلْقِيٍّ عَطَرَفَ الَّطريقِ

هَلْ يَا تُرى يَصْبُرُ وَيَعيشُ لَرَبيعٌ طَريقْ

حسام حمدان

كفر راعي / بوسطن

٢٠٢٣/٩/١٧

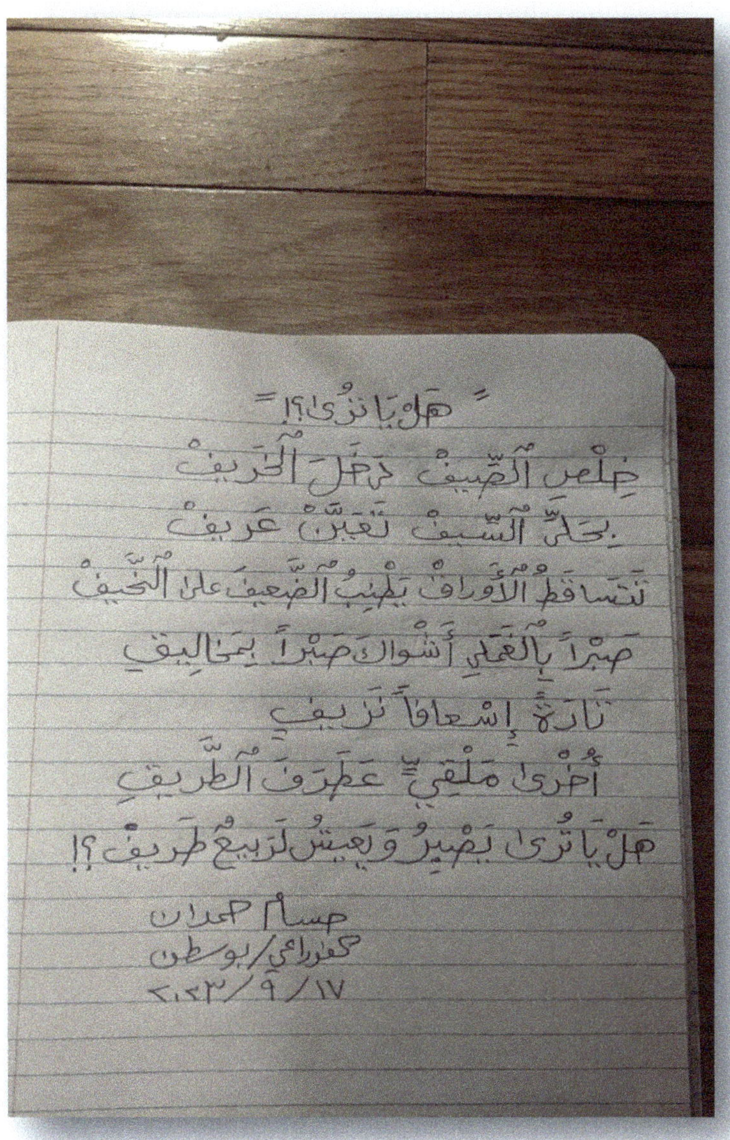

= هل يا ترى ؟! = ١٩

خلص الصيف دخل الخريف
بحلى الصيف تعبٌ عريف
تتساقط الأوراق يطيب الضعيف على الخفيف
صبراً يا فتى أشواك صبراً بمخاليق
نارٌ إسعافاً نزيف
أخرى ملقى عطرٌ على الطريق
هل يا ترى يصير ويعيش لربيعٍ طريف ؟!

حسام حمدان
كفرراعي / يوطن
٢٠٢٣/٩/١٧

اقْتِحامْ

دَخَلَ فِكْرٍ بِسَمِّ الخياطْ

اخَذَتْهُ غَزْلٍ لَعَقْدِ سِباطْ

زَغارِ يدٍ حَلَّتْ خِيوطُ الرِّباطْ

خِيولٍ رَقْصَتْ عَصوْنَ سِواطْ

اقْتَحَموا الفَرَحِ ببساطيرِ الخِباطْ

غَمْغَموا العَريسِ وَنَفوُهُ بِنَعْدَةِ مِعاطْ

الفَرَحِ تَرَحٍ سَمَّ البَدَنِ خَرَّاطْ

حسام حمدان

كفر راعي / بوسطن

٢٠٢٣/٩/١٥

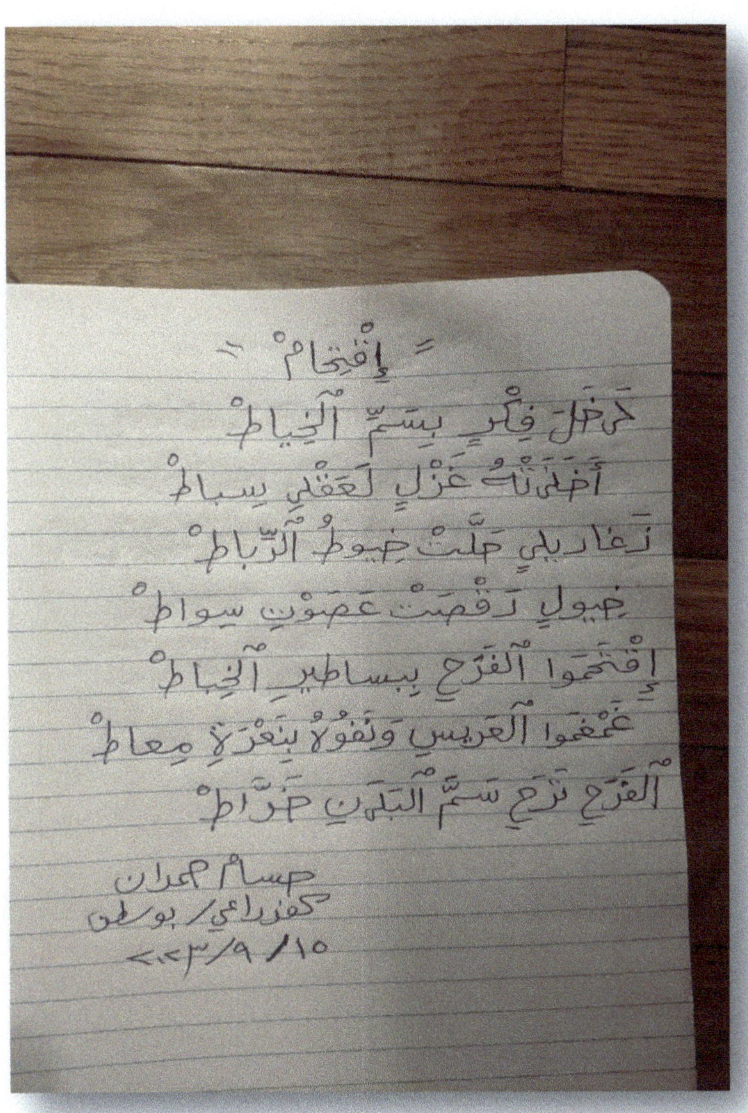

« إِفتِحام »

دَخَل فِكري بِسمِّ الخَياط
أَضنَتني غَزلٍ لِعَقدي سِباط
تَغاريري حَلّت خيوطُ الرِّباط
خيولي تَقَمّصت عيونُ سِواط
اقتَحموا الفَرَح بِبساطيرِ الخَياط
غَمغَفوا العَريس ونَقّوا بِنَغرةٍ مَعاط
الفَرَح تَرَح سَمّ البَطَّين خَرّاط

حسام حمران
كفرزراعي / بولى
٢٠١٣/٩/١٥

صَامِداً

حَارَبوني بارْضي يُحارِبوني بِفْلوسي

هَواهُمْ اهْوائهُمْ لِكَسْرِ اقْلامي وَبَعْثَرَتِ قَاموسي

زَفيرَهُمْ سَقْمًا لِطَفْي لُكْسي وَنَاموسي

كُنْ اسَداً وَلَأَحَداً وَهُمْ بدْروا

بَيْتُ الاسَدْ مِنَ العَظْمِ لايَخْلوا

حسام حمدان

كفر راعي / بوسطن

٢٠٢٣/٨/١٣

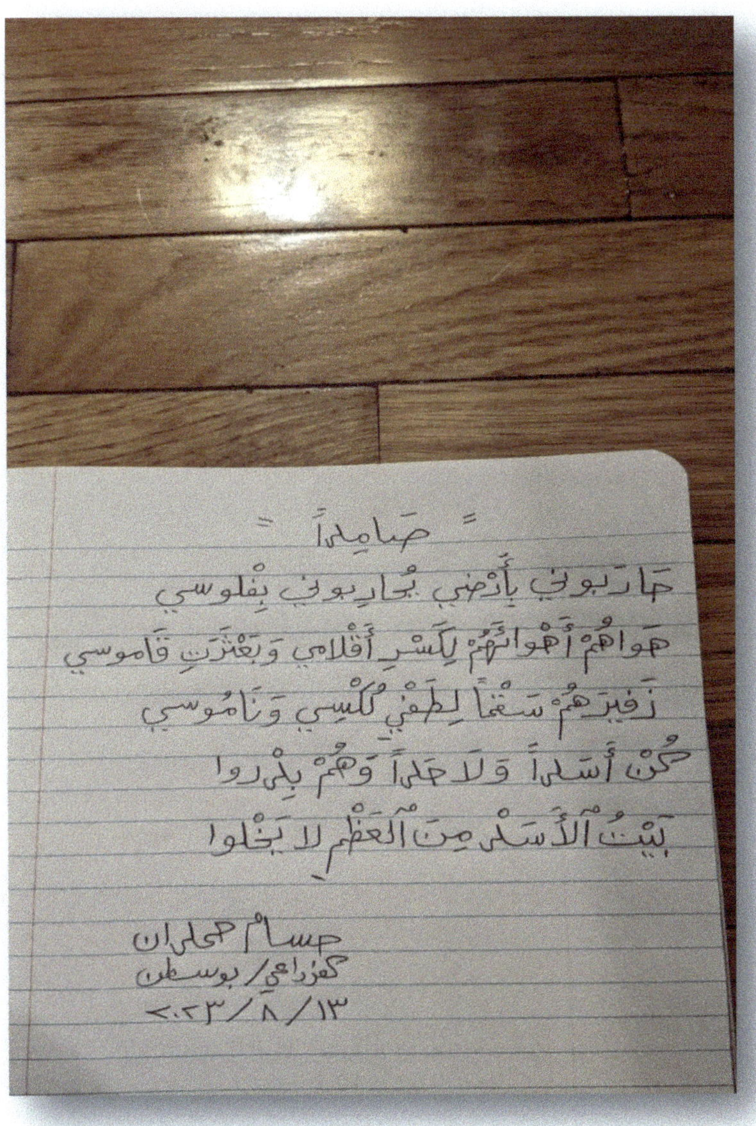

صامداً
حاربوني بأرضي يُحاربوني بفلوسي
هواهم أهواؤهم ليَكْسِرَ أقلامي وبَعْثَرَتْ قاموسي
زفيرهم سُمّاً لطفي كُلِّسي وناموسي
كُنْ أسىً ولا حَدّاً وهُمْ بَثّروا
بيتَ الأسى من العَظْمِ لا يُخْلوا

حسام حجيران
كفرراعي / بوسطن
٢٠٢٣ / ٨ / ١٣

طَقْسْ

الشَّمِسْ طَالْعَهْ حَادَّهْ

المَطَرْ غَزيرْ عَلى الارْضْ وَالْمادَّهْ

قَوْسُ قُزَحْ بالسَّما بالْوانٍ جَادَّةْ

بِظِلِّ اسْراراً بالعِيونِ سَادَّه

مَنْ مَرَكْ زرَقَ سَمِعَ رَعْداً وَرَاى بَرْقًا بقَارَّهْ

حسام حمدان

كفر راعي / بوسطن

٢٠٢٣/٧/٢٩

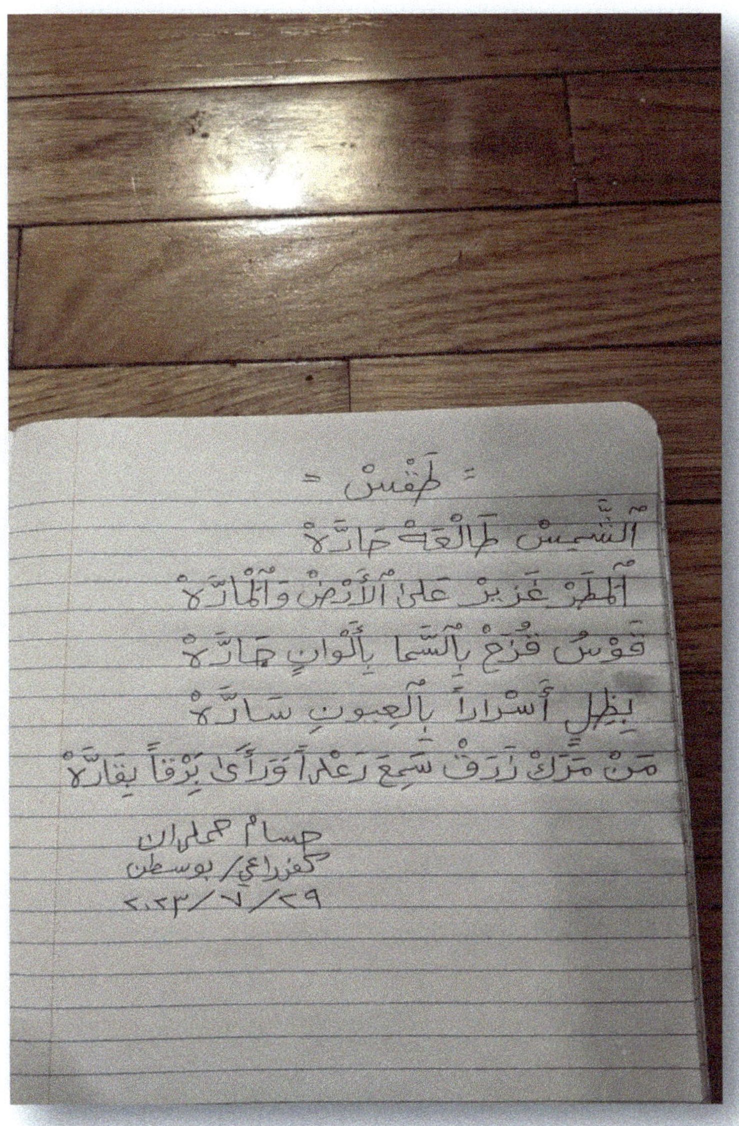

= طَقْس =
الشَّمْسُ طالِعَةٌ حارَّةٌ
المَطَرُ غَزيرٌ على الأَرْضِ والماءِ
قَوْسُ قُزَحٍ بِالسَّما بِأَلْوانٍ جائِرةٌ
يَظِلّ أَسْراراً بِالعُيونِ سارَّةٌ
مَن مَرَّك أَرَقَ سَمِعَ رَعْداً وَرَأى بَرْقاً يَقارّةٌ

حسام حملان
كفرداعي / بوسطن
٢٠٢٣ / ٧ / ٢٩

يَانْسونْ

بِناعِسْ قَلَى قَوانِصْ يِبْهارِ انِسْ

يَانْسونْ عَاقِد مِخَيِّمْ لَقَى مَنْ يُوانِسْ

الحَما عَابِسْ لَبِّسْ المِحْبَسْ حَابِسْ

ظُبْ عَباتَكْ مَبْروكْ عَلى حَماتَكْ شَنْطِةْ مَلابِسْ

يا شُفِيرْ ادْعَسْ مُتي دَاعِسْ

ادْعَسْ شَهَرْ عَسَلْ مَعْ سِتْهِنْ عَرايِسْ

مِلَبَّسْ مِنْ عِشْ طَيرُه كَابِسْ

حسام حمدان

كفر راعي / بوسطن

٢٠٢٣/٥/٢٩

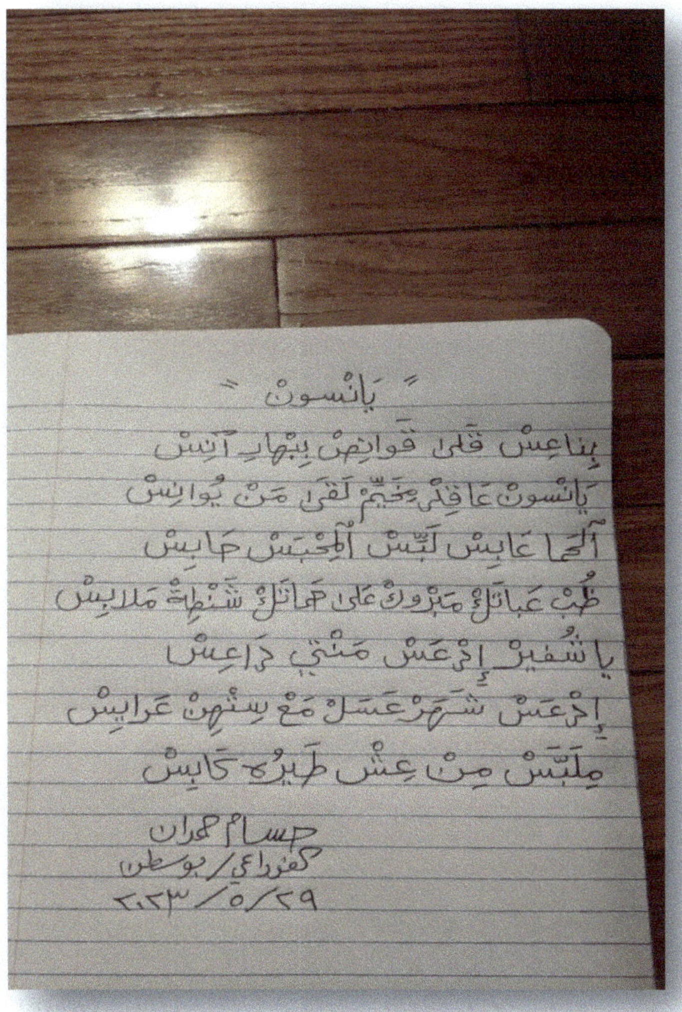
" يَانْسونْ "
بِيناعِشْ قَلْبِي قَوانِمْ بِبْهارْ آنِسْ
يَانْسونْ عَافْدِي مُخَيِّمْ لَقْرا مَنْ يُوانِسْ
الْحِمَا عَابِسْ لَبَّسْ الْمَحْبَسْ حَابِسْ
طِبْ عَبائِلْ مَبْزورْكْ عَلى حَمائِلْ شَنْطَة مَلابِسْ
يا سَفير إِنْعَشْ مَنِّي ذِراعِشْ
إِنْعَشْ شَهَرْ عَسَلْ مَعْ بِسْتِهِنْ عَرايِسْ
مَلَبِّسْ مِنْ عِشْ طَيْرو كَابِسْ

حسام حمران
كفرداعي / بوطن
٢٠٢٣ / ٥ / ٢٩

بَيَّارَةْ

عَخَطْ نَابْلِسْ جنينْ بَيَّارَةٍ عَجَنْبِ الطَّريقْ

عَبيقِها مُخَدْرَمْ صَحْصَحَ رُكَّابٍ وَقاصِدٍ رَحيقٍ

انْقَطَعَتْ مَحَلَّها مَحاجِرْ صُوتْها مُعيقْ

طَحْنَ وَنَقْرًا غُبارِها عَالطَّايرْ كَثيفٍ

البُودْرَه بَيضَه لَباقي الالْوانْ النَّظَرِ كَفيفْ

حسام حمدان

كفر راعي / بوسطن

٢٠٢٣/٧/٣١

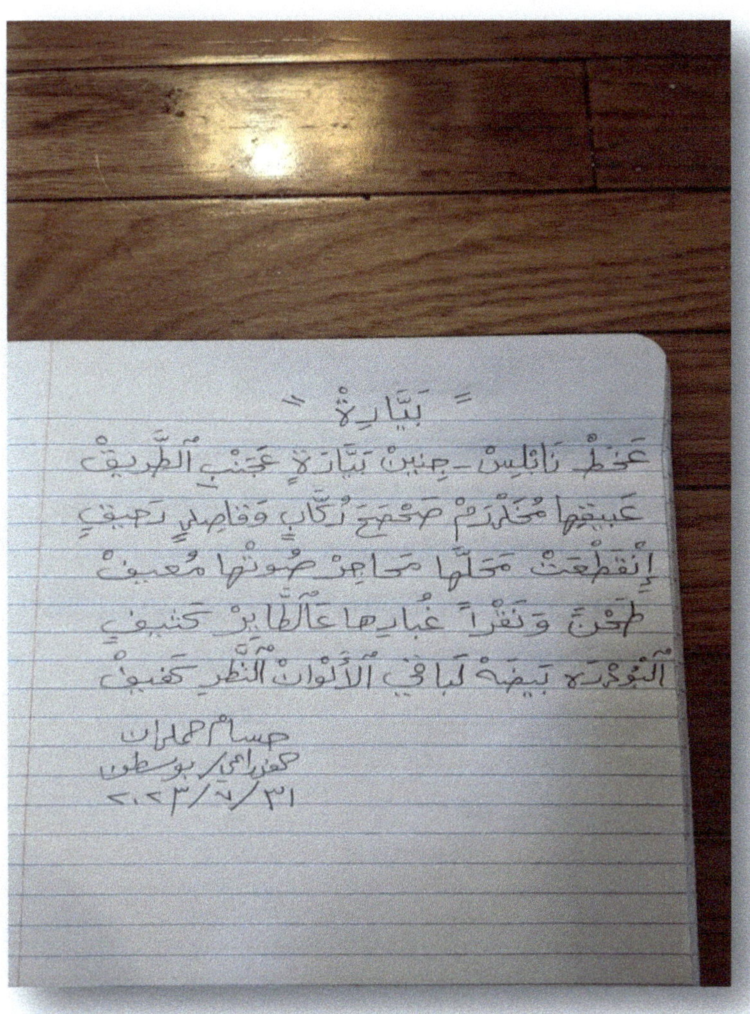

= بَيَّارَة =

عَخَطّ رَائِلِسْ ـ جِنِينْ بَيَّارَة عَجَنْبِ الطَّرِيقْ
عَبَّتْها مُخَّرْتُمْ صَحّحْ رُكّابْ فَقَاصِدِي رَحِيقْ
انْقَطَعَتْ مَخْلُها مَحَاجِنْ صُوتُها مُعِيفْ
طَحِنْ وَنَفْرًا غُبارِها عَالطّايِرْ كَثِيفْ
التَّوْدَرَة بَيْضَة لَبا فِي الأَلْوانْ النّظرِ كَنِيفْ

حسام حمدان
كفرراعي / بوسطن
٢٠٢٣/٦/٣١

سَاعَةْ

سَاعِةْ جَدِّي امامْ حَيطْ عَقْرَبها مِتْدَّلي

يَتَأَرْجَحْ يَمينْ شِمالْ وَبالسَّاعَةِ تُحَنْحِنْ تُغَنِّي

اخْتَرْتِ النَّغَمْ مِنْ طُيورْ بلادي

صَدَى التِّلالْ وَالودْيانْ لَوْحَةً قُدَّامي

دَقَّتْ عَالوَحَدِهْ باللِّيلْ عَصفورْ شَادي يَا لَيلْ يَا عَينْ

الصُّبْحْ جَايي وَعَقِدْ سِيدي دَقَّاتْ عَبَابُه تَفَضَّلْ اهْلينْ

حسام حمدان

كفر راعي / بوسطن

٢٠٢٣/٥/٣٠

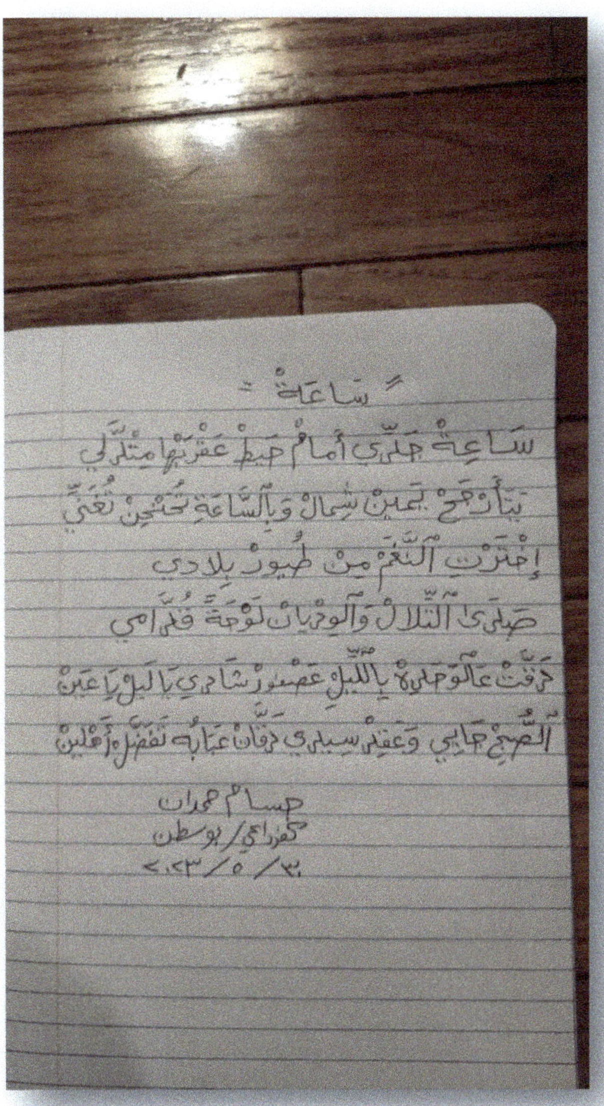
" ساعة "
ساعةٌ حلوةٌ أمامي حيطٌ عقربها متدلّي
بيأوّح يميناً شمالاً وبالساعة حنينٌ يُغني
اخترتِ النغم من طيور بلادي
صدى التلال والوديان لوحة في امي
دقّت عالوحدة بالليل عصفور شامي يا ليل يا عين
الصبح جايي وعفني سبني دفان عبارة تفضل زعلين

حسام حمدان
كفرام / بوسطن
٢٠٢٣/٥/٣٠

جَعْصَةْ

نِمْتُ وَأَنامُ مُكَرْسِعَ الرِّجْلِينْ

فَإِنْ غَفَيْتُ ومْتَدِينْ

عَنْ طُولِ الفَرْشَةَ مَا يِتْعَدِّينْ

هَكَذا لا يَغْفى عَقَدِّ افْراشَكْ مِدْ اجْريكْ

جَعْصَةْ نَهادْ إنِ الفَرْشَةِ كَمْشَتْ الأرْضِ خَمْشَتْ

مَزَّةْ وَحَشْوَةْ صُوفْ نَصَفَتْ حَدِّينْ

حسام حمدان

كفر راعي / بوسطن

٢٠٢٣/٨/٢٦

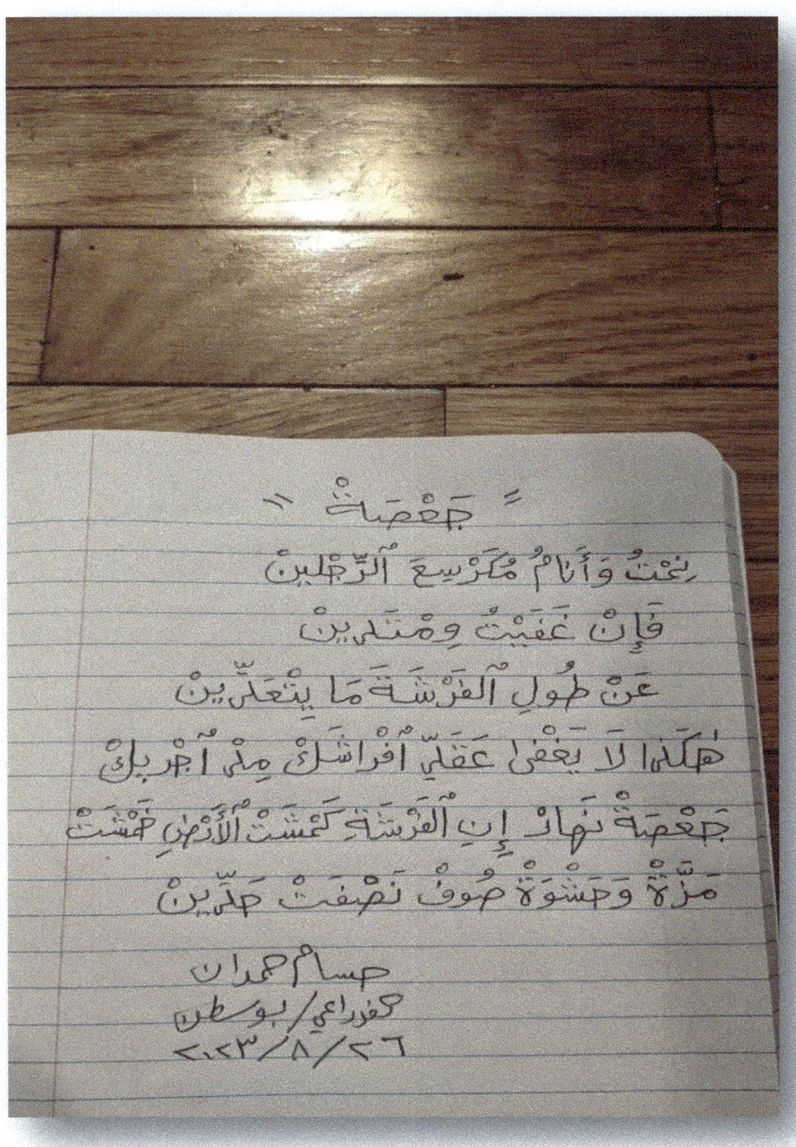

" جُعْصَة "
رُخْتُ وأَنامُ مُكَرْسِعَ الرِّجْلَيْن
فَإِنْ عَفَيْتُ وَمُتَنِّيْن
عَنْ طُولِ الْفَرْشَةِ مَا يَتَعَدَّيْن
هَكَذَا لَا يُغْفَى عَقْلِي أَفْرَاشَك مِنْ أَجْرِك
جُعْصَة نُهَان إنَّ الْفَرْشَةَ كَمَسَّتِ الأَرْضِ خَمَشَتْ
مَزِّة وحِشْوَة صُوف نَصَّفَتْ حَدَّيْن

حسام حمران
كفر راعي / يوطن
٢٠٢٣/٨/٢٦

رَجُلْ الجَنَّه

رَجُلُ الَجنَّةِ يَكونُ جَرْدَا

نُوراً وَحُسْناً وَجْهَهُ مَرْدَا

أَبْيَضُ لَوْناً بِعِيونِهِ كُحْلاً

سَبْعَ أَذْرُعْ عَرْضاً سِتُّونَ ذِراعاً طُولاً

عَلى خَلْقِ آدَمْ عُمْرَهُ أَبَدِيَّ ثلاثَ وَثلاثينَ عَاماً

بِحَواجِبِ وَرموشْ شَعْرَهُ مُجَعَّداً وَمِشْطَهُ ذَهباً

بلا لِحْيَةْ وَشَنَبْ وَشَعْرِ جَسَدْ يَحِبُّهُ اللهَ ضَخْماً

حسام حمدان

كفر راعي / بوسطن

٢٠٢٣/٦/١٤

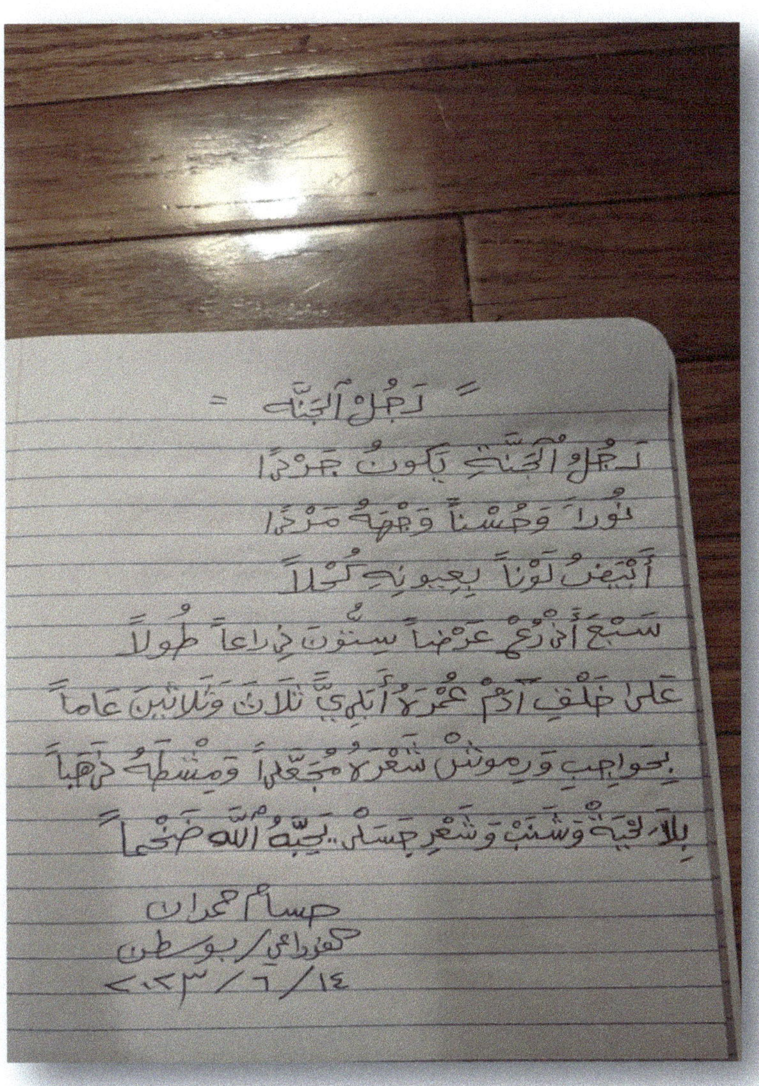

= رَجُلُ الجَنّة =

رَجُلُ الجَنّةِ يَكونُ جَنّةً
نوراً وَحْشَةً وَبَهْجَةً مَنْزِلاً
أَبْيَضَ لَوْناً بِعُيونِهِ كُحْلاً
سَمْعُ أَنْ رُوحٍ عَرْضُها سِنُونَ ذِراعاً طُولاً
على خَلْقِ آدَمَ عُمْرُهُ أُنْثى ثَلاثٌ وثَلاثِينَ عاماً
بِحَواجِبَ ورِموشٍ شَعْرٌ مُجَعَّلاً وَمَشْطُهُ ذَهَبِياً
بِلا لِحْيَةٍ وشَنَبٍ وشَعْرٍ جِسْمِيٍّ.. يُحِبُّهُ اللهُ ضِخْماً

حسام حمران
كفرباطى / بوسط
٢٠٢٣ / ٦ / ١٤

بَيَّاعْ

عَجَلَةْ تُوقِفُها صَرارَةْ

عَجَلَةْ تُوقِفُها شَطارَةْ

لا يَكُنْ عَجَلُكَ نَاطِراً بَابْ دَعارَةْ

صَرْلَكْ زَمانْ عَنْ مُفاوَضَةْ

لا يَغُرَّنَكَ وَجْهَةَ البُكْسَةْ السَّحارَةْ

دَوِّرْ وَينْ مَدْحوشِة لِبْرارَةْ

بَيَّاعْ حُكُمْ ذَاتي يَا لَلْخَسارَةْ

حسام حمدان

كفر راعي / بوسطن

٢٠٢٣/٧/٢٦

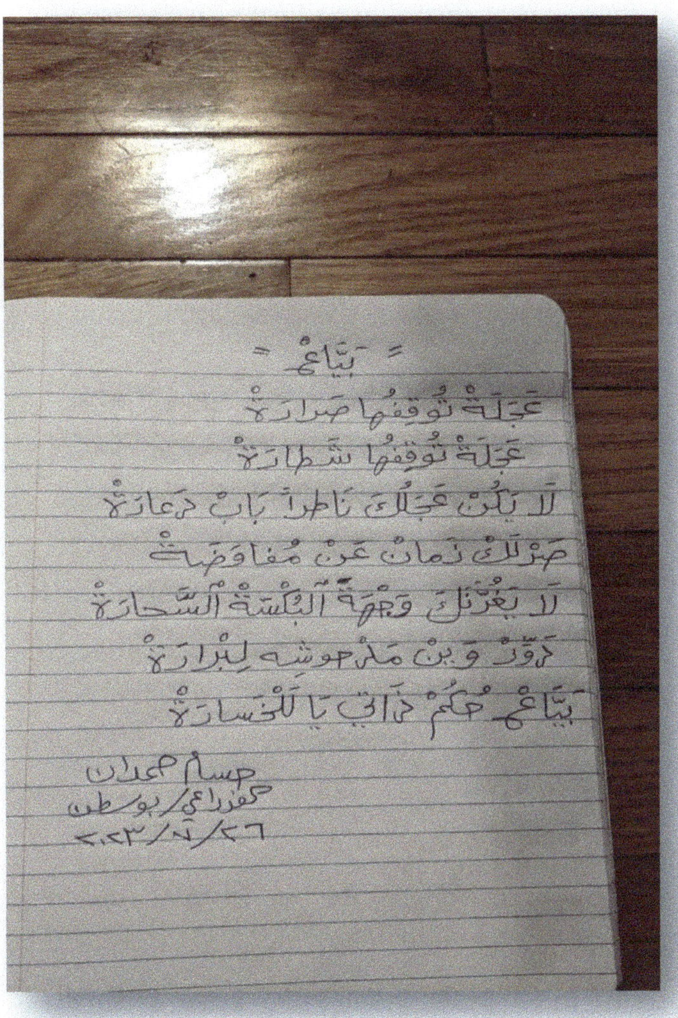

= بَيَاعِم =

عَجَلَة تُوَقِّفُهَا صَرَارَة

عَجَلَة تُوَقِّفُهَا شَطَارَة

لَا يَكُن عَجَلُك نَاطِرًا بَابُ دَعَايَة

صِزِّلَك زَمَان عَن مُفَاوَضِة

لَا يَغُرَّنَك وَهِمَة الكِسَة السَّحَارَة

حُرُوف وَبِن مَلْمُوشَه لِبْرَارَة

بَيَاعِم حُكُم خَرَاب يَا الخَسَارَة

حسام حمدان
كفرزعاعي / يوطن
٢٠٢٣/٨/٢٦

شَنْص

حَسِبْتُكَ وَهْماً تَنْغُزَني

مَا حَدًا بالحوطَةِ أَعْجَبْتَهُ وَأَعْجَبَني

أَلِفُّ وَأدورُ مَعْ شَنْصِي

لَقَيْتَهُ بفْلَقِ الصَّخْرَ مَعْ نَفْسي

أَنَا وَنَفْسي نَتَصارَعُ وَنَتَّحِدُ عَلى جِسْمي

تَشْهدُ عَلَيْنا المَرايا نَهاراً وَخِفْيي

حسام حمدان

كفر راعي / بوسطن

٢٠٢٣/٨/٢١

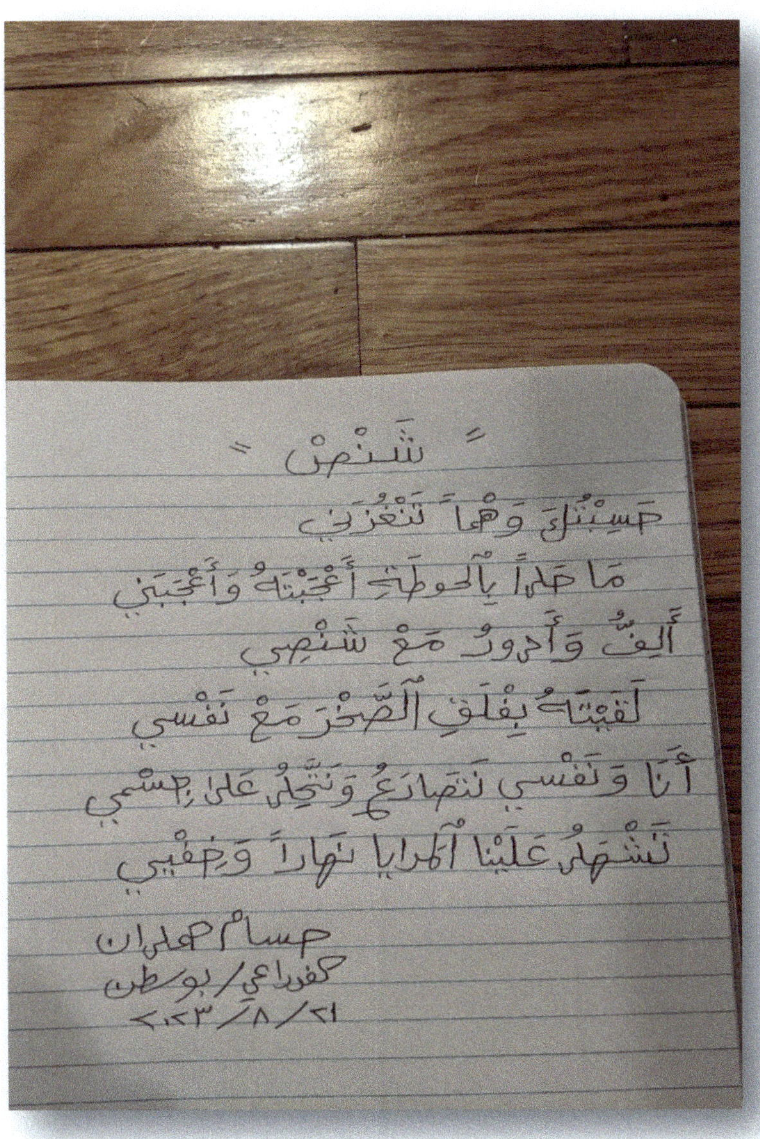

= شَنَمّ =

حَسِبْتُكِ وَهْماً تَغْزِني
مَا عِدْراً بالحُوطَةِ أَغْجُبتُهُ وَأَغْجُبني
أَلْفٌ وَأَجْرونْ مَعْ شَنَمِّي
لَقَيْتُهُ بِفَلَقِ الصَّخْرِ مَعْ نَفْسِي
أَنا وَنَفْسِي نَتَصَارَعُ وَنُنْجِلُ على بِعْشِمِي
تَشْمَهُ عَلَيْنا المَرايا نَهاراً وَخُفْيِي

حسام حمدان
كفرياسيف / وطن
٢٠٢٣/٨/٢١

غَضَّه

طَلَّتْ عَلَيْهِ بِلباسٍ جَديداً

مَشَدَّةٍ حزامًا الخَصْرِ حَصَرِ وَبِالتَّجَسُّدِ قِياماً

لَمْ يَقُلْ شَيْئاً جَفَّ النُّخاعِ عِظَاماً

كَسَرْها الهَوى بعَضَّةِ نَظَرٍ تَاهَتِ عَمْداً

مَهِيٍّ بَعولْتكْ مِنْ أرْضِ بَعْلاً

حِلواً قُلْ لَها إنْ كُنْتَ بالسَّقْي فَحْلاً

لَيْسَ كُلِّ قَرْناً بالقَرينَةِ نَطْحاً

قَرَّةَ عَيْن قَدْ بقَرْنٍ نَظَرِهْ وَرْداً

حسام حمدان

كفر راعي / بوسطن

٢٠٢٣/٥/٢٧

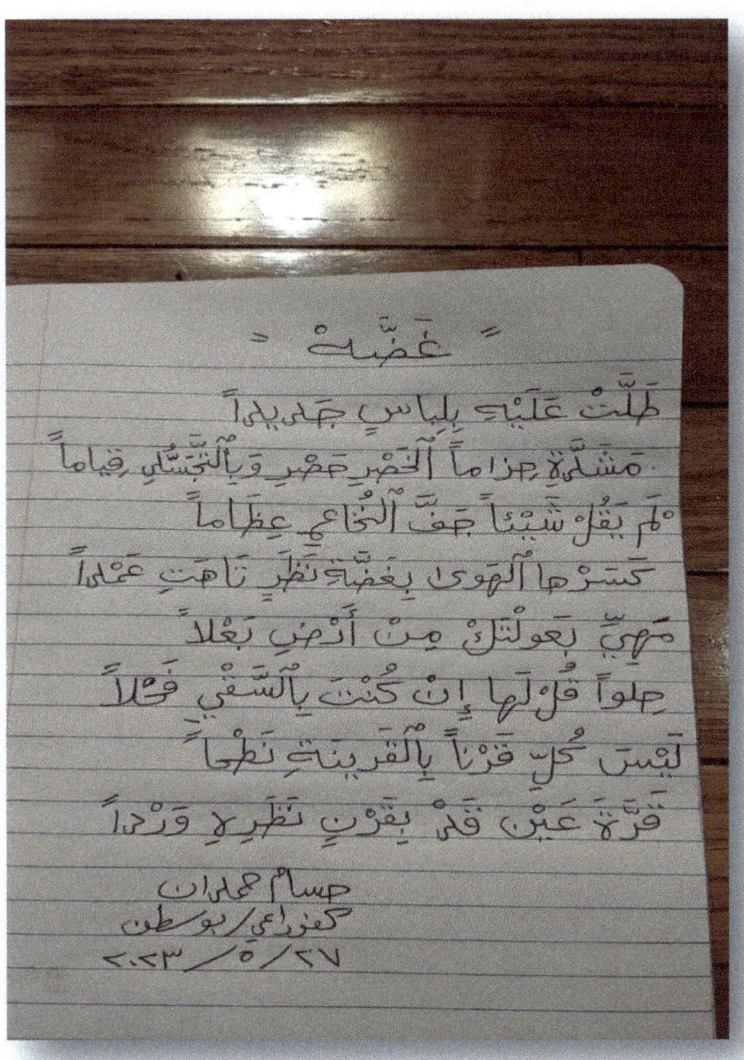

= غَضْبَة =

طَلَّتْ عَلَيْهِ بِلِبَاسٍ جَمَّلَتْ يَدَا
مَشَتْ جِزَامًا الخَضِرَ عَضَرِ وَبِالتَّجَسُّسِ قِيَامَا
لَم يَقُل شَيْئًا جَفَّ النُّخَاعُ عِظَامَا
كَسَّرَهَا الهَوَى بِغَضْبَةِ نَظَرٍ تَاهَتْ عَمَى
مَهَّبِي بِعَوْنَتِكِ مِنْ أَرْضٍ بَعُلَا
حُلُوًّا قُلْ لَهَا إنْ كُنْتَ بِالشَّقِيِّ فَحْلَا
لَيْسَ كُلٌّ قَرْنًا بِالقَرِينَةِ نَطْحَا
قُرَّةُ عَيْنٍ فَفِي بِقَرْنٍ نَظْرِهِ وَرْحِمَا

حسام حمدان
كفرزعي / بوطن
٢٠٢٣ / ٥ / ٢٧

عَادِتْنا

عَادِتْنا بالجُمْعَةِ نِلَمْلِمْ ثِياب مَلبوسِينْ

نَغْسِلْها نَبحّها نَعْصُرْها نَطْرُدْ أَرْجاسْ وَشياطين

نَنْشُرْها عَلى الحَبَلْ تَوكَّلْنا عَلى رَبٍ مُعِينْ

يُرَقِّصُها وَيَخْفِقُها الهوى بشَمْسٍ مِشْمِسَةِ عَيْنْ

نِشْفَتْ وَتَلايَمَتْ بسْلالْ

صُغَّطَطْ بِدَفّاتٍ وَجَوارير لَكُلٍّ فَلَّالْ

حسام حمدان

كفر راعي / بوسطن

٢٠٢٣/٦/٨

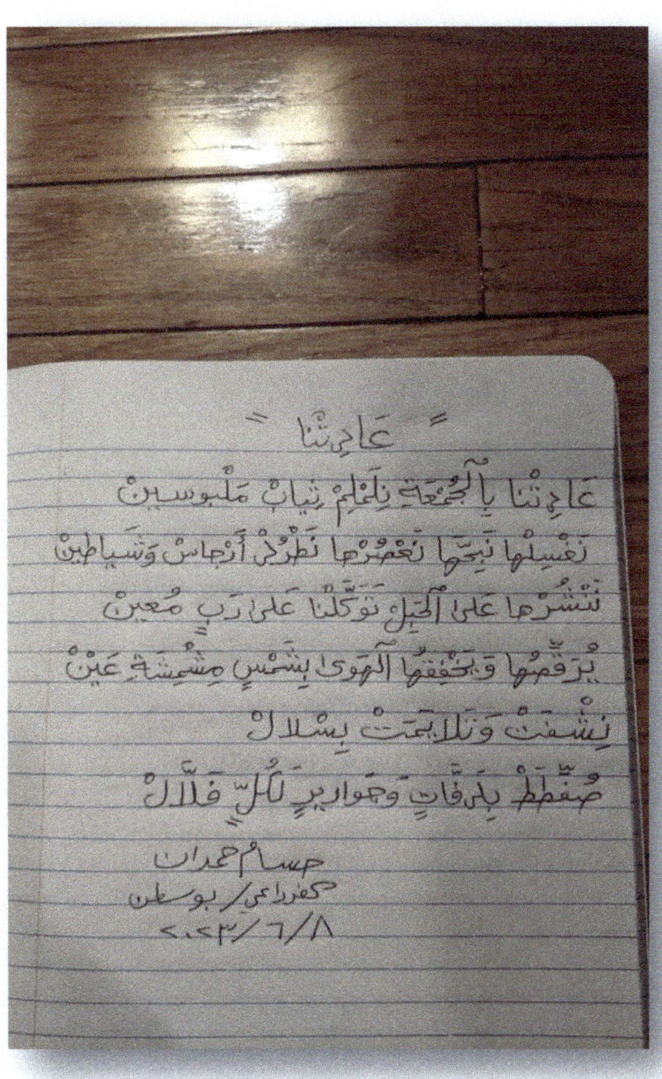
" عَائِشَتْنا "

عَائِشَتْنا يا الجُمعَة نِلعَلِّم زياب مَلبوسِين

نَغْسِلْها نِبَيِّها نَعَصِّرْها نَطرُش أَرجاس وَشياطِين

نَنشُرْها عَلى الحَبل نَوَكَّلْنا عَلى رَب مُعِين

نَرقُصْها و نَحفِفْها الهَوى بِشَمس مَشمشة عَين

نِنشِفْت وَنَلَمِّتْ بِشَلال

وصَفَطْط بِدَرفات وجَوارِير لِكُل فَلّال "

حسام حمدان
كفرراعي / بوسطن
٢٠٢٣ / ٦ / ٨

الدُّنْيا

الدُّنْيا عَالَمْ شَاسِعْ كَبِيرْ

فِيهِ مِنَ الخَيْرَ وَالشَّرِ كَثِيرْ

يَعيشُ وَيَسْتَمِرُّ فِيكَ وَبَلاكَ لِيومِ دِينْ

فَلاَ تَحْزَنْ عَلى الدُّنْيا لِكَيْ لا تَسْخَطْ عَلى رَبٍ مُعِينْ

بالحُزْنِ نَرى عَالَمْ الدُّنْيا صَغيرْ

حسام حمدان

كفر راعي / بوسطن

٢٠٢٣/٦/٣٠

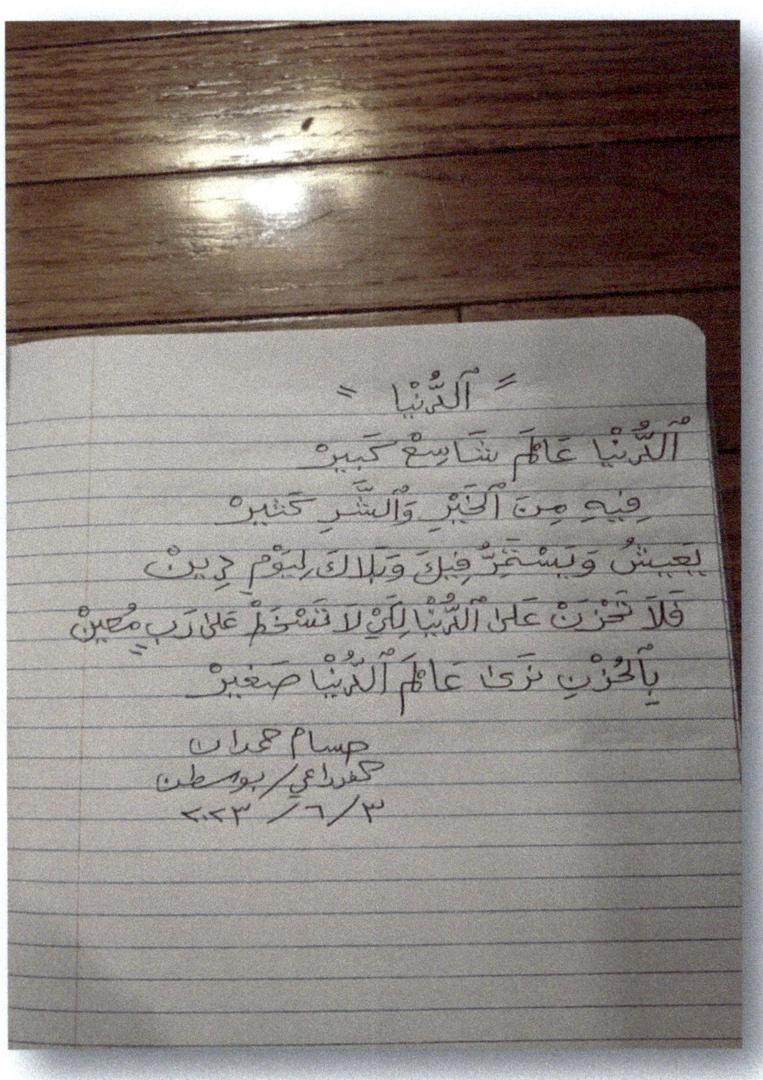

= الدُّنْيا =

الدُّنْيا عالَم شاسِع كَبير

فيهِ مِن الخَير والشَّر كَثير

يَعيش ويَستَعِر فيك وبِلاك لِيَوْم حَزين

فَلا تَحزَن على الدُّنْيا لكِن لا تَسْخَط على رَب مُعين

بالحُزن تَرى عالَم الدُّنْيا صَغير

حسام حمدان
كهرباعي / بوسطن
٢٠٢٣ / ٦ / ٣

عَينْ

بِقُولوا إطْعَمْ الثَّمْ تِستْحي العَينْ

بِخْزيها مِنْ عَينْ فَأرغَهْ مَطْموثةْ بِرِمْشِ البَينْ

بَعْدينْ فِيكْ دَوِّرْ إطْعَمْ الحَيَ تِلْقَ زينْ

وَعَدْ الحُرْ دَينْ بَدَلْ وَحْدَكْ إثْنينْ

حسام حمدان

كفر راعي / بوسطن

٢٠٢٣/٩/٢٤

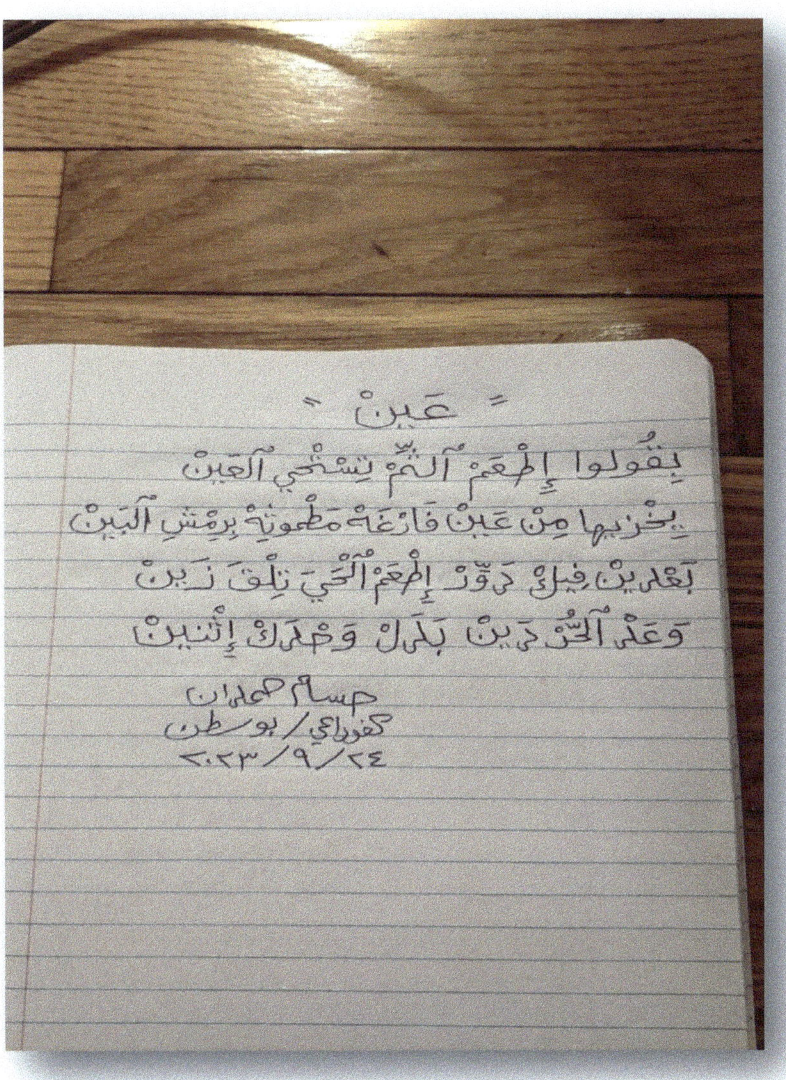

" عَيـْن "

يَقُولُوا إِلمُعَمّ الثَّمّ نِسْمّي العَين
يخزنيها من عَين فائغه مطمونه برمش البَين
بَعَين فيراك تَقُوّن إلمُعَمّ الحَي نِلّق نَبِن
وَعَنّى الحَسّ دَين بَكَل وَخَمَرك إثنِين

حسام حمدان
كفورياحي / بوسطن
٢٠٢٣/٩/٢٤

حِمارْ وَديكْ

بِالصّيَرةِ حِماراً وَديكاً مَعَ الاليفينْ

أنْ صَاحَ الدِّيكَ رَأى مَلَكاً سَأَلْنا فَضْلِ اللّه

أنْ نَهَّقَ الحِمارَ رأىَ شَيْطاناً إستَعُوذْنا بِاللّه

الشَّيْطانَ مِنْ نَارٍ أشِعَّةً تَحْتَ الحَمْراءِ يَراها الحِمارَ

المَلَكَ مِنْ نُورٍ أشِعَّةً فَوْقَ البَنَفْسَجِيَّةِ يَراها الِّديكْ

بِالفَجْرِ صَاحَ الدِّيكَ دَعينا الرَّبِ وَقَضينا الفَرْضِ

بِالظّهرِ صاحَ بَاظَتِ الجاجاتْ وَلَمْلَمْنا البَيْضِ

بِالطَّريقِ نَهَّق الحِمارْ فَمالَ الحِمْلِ

أعُوذُ بِاللّه مِنَ الشَّيْطانْ عَدَّلْنا الحِمْلِ وَلَمْلَمْنا المِشْوارْ

مُسَخَّراتٌ لِمَنْفَعَةٌ تَرى ما لا تَرَاهُ أعْينُ إنْسانْ

بِأصْواتِهنَّ رُؤْيَتِهنَّ مَلَكاً شَيْطاناً ذِكراً للّهِ بِمَكانْ

حسام حمدان

كفر راعي / بوسطن

١٨/٩/٢٠٢٣

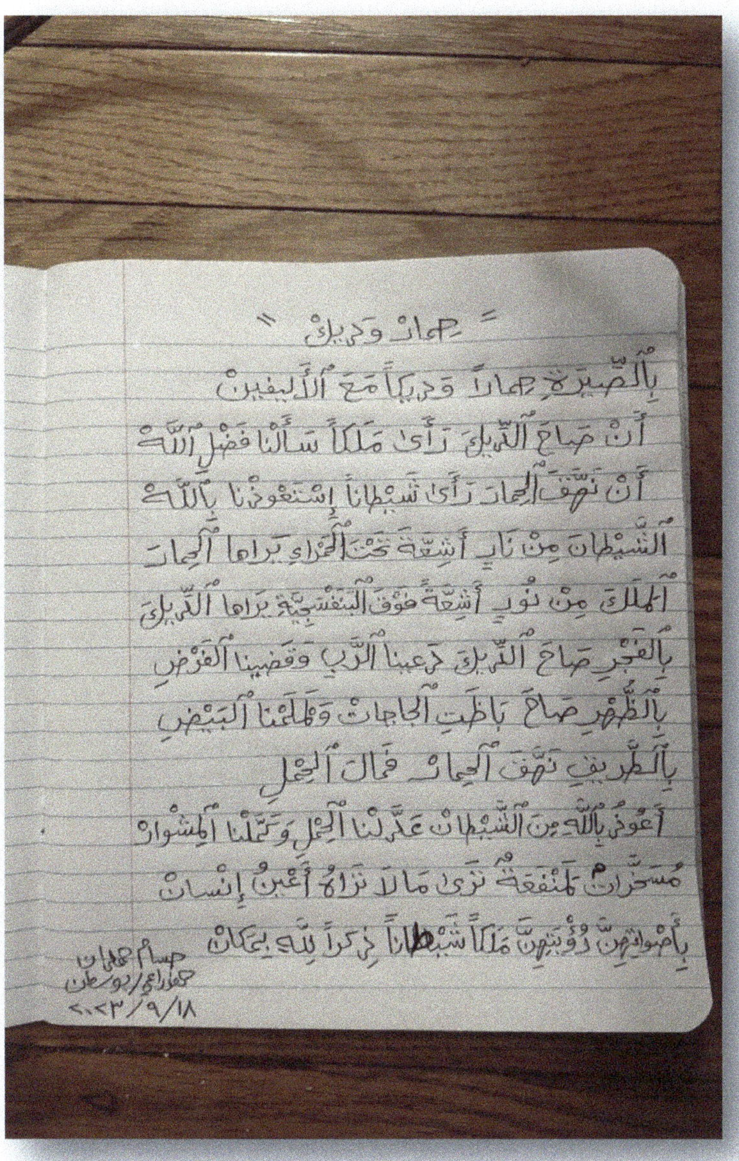

= جمان وديك =

بالبصيرة جماناً قديماً مع الأليفين

أن صناع الديك رأى ملكاً سائلاً فضل الله

أن نهق الحمار رأى شيطاناً استغفرنا بالله

الشيطان من باب أشعة تحت الحمراء يراها الحمار

الملك من نور أشعة فوق البنفسجية يراها الديك

بالفجر صاح الديك دعينا الرب وقضينا الفرض

بالظهر صاح باظت الحاجات وطلعنا البيض

بالطريق نهق الحمار فمال الحمل

أعوذ بالله من الشيطان عدّلنا الحمل وكملنا المشوار

مُسخّرات لمنفعة نرى مالا تراه أعين إنسان

بأصواتهن وفتنهن ملكاً شيطاناً ذكراً لله بمكان

حسام عجلان
حضارة/بوسطن
٢٠٢٣/٩/١٨

كَرَمْ

كَرَمْ رِجَّالْ بِشوالْ
مَلْبودْ مِخَيَّطْ بِثَمَرِ شَوَّالْ
شَبْ شَايِبْ شِيلْ مِنْهُ حَفْنَةْ تَسُرَّ بَالْ

حسام حمدان

كفر راعي / بوسطن

٢٠٢٣/٩/١٧

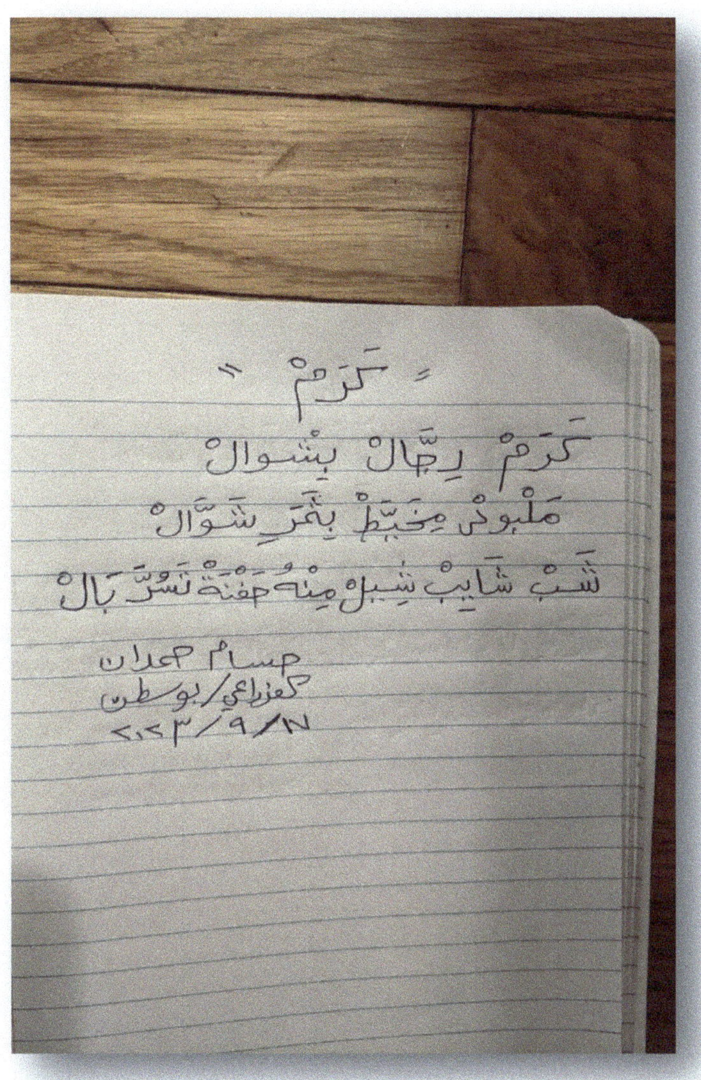
" كَرَم "

كَرَم رِجَّال بِشوال
مَلبوش مخيَّط بتقر شوَّال
شب شايب شيل منه حفنة تسّ بال

حسام عدنان
كفرزراعي / بوطن
٢٠٢٣ / ٩ / ٢٧

تِينْ

جُمْعَةُ آخِرِ الصّيفْ

لَمْ يَبْقَى بِالمَحَلِّ حِشْمَةٌ تَكْسو خَطاياهُمْ

خُذيهُم لَوَرَقِ الخَريفْ يَخْصِفونَ عَلى سَوْاتهُمْ

خُرْطُماني يَا تِينْ فَالِعْ وَمَزْوزْ لِلْمُتَّقِينْ

حسام حمدان

كفر راعي / بوسطن

٢٠٢٣/٩/١

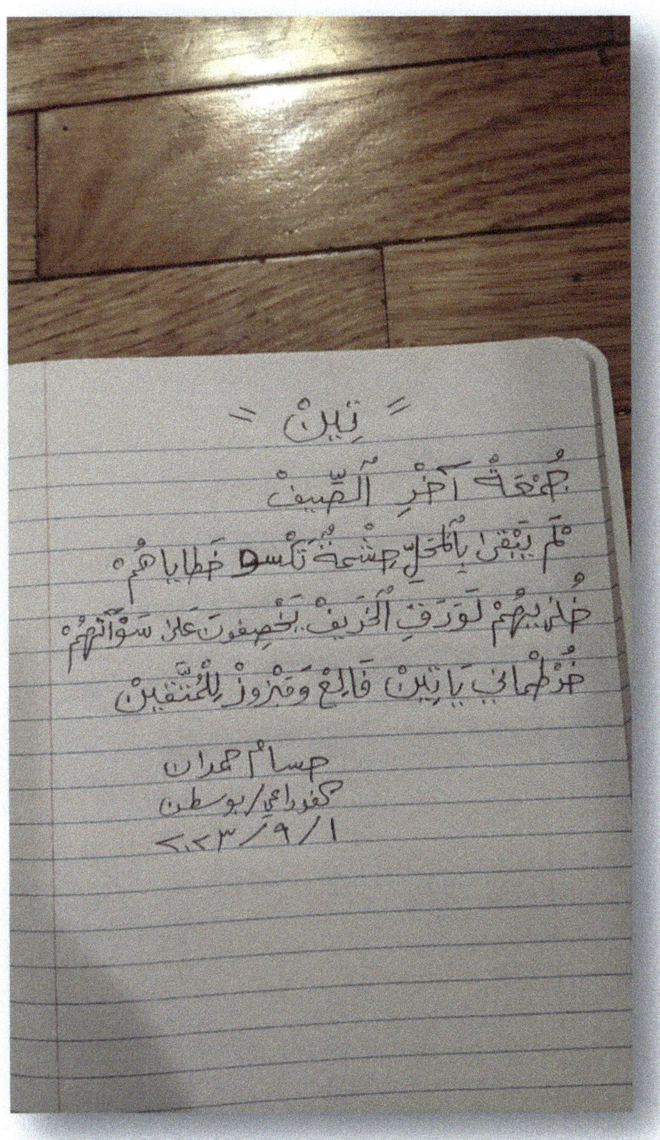

= تِينْ =

جُمُعَةُ آخِرِ الصَّيْفِ
لَمْ يَبْقَ بِالمَخازِنِ مَشمَعَةٌ تَكسِ خَطاياهُم
خَلَتْ بُيُوتُهُم لَوَرَقِ الخَريفِ تَصطَفّونَ عَلى سَواتِهِم
خُرطُمانُ رَأيتُنْ قالِعْ وَمَنزوزْ لِلمُتَّقِين

حسام حمران
كغورامي / بوطن
٢٠٢٣/٩/١

رَماذْ

وَينْ مَا كَانْ إكُونْ

إلَّا وَاحَدْ شَيءْ يُخالِفْ القَانونْ

سَكَنْ الفَحِمْ سَكَنْ بِكانونْ

بَزْقَه بِالرَّمادِ الحَبِّة قُبِّة مَلعونْ

حسام حمدان

كفر راعي / بوسطن

٢٠٢٣/٩/٢٥

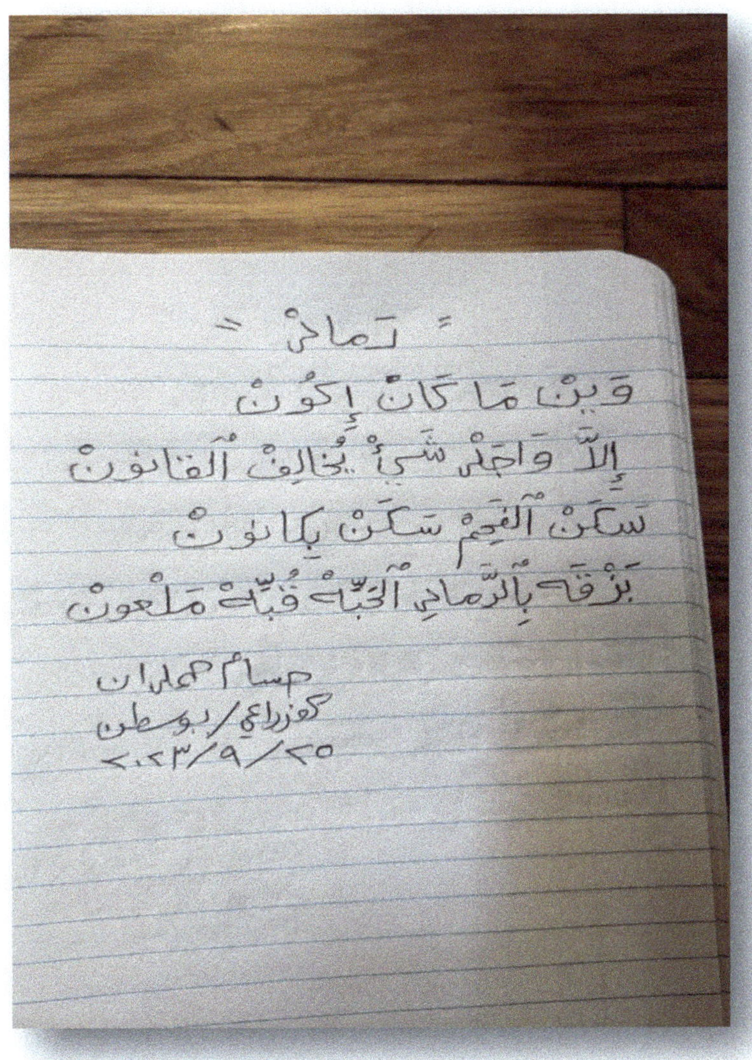

" تَماني "
فَيْن ما كان اكُون
إلّا واحَدْ شَي يُخالِف الْقانون
سَكَن الْفَحِم سَكَن بِكانون
بَرْقَه بالرّصاص الْحُبّ قُبَّه مَلْعون

حسام همدان
كهرباء / بوطن
٢٠٢٣/٩/٢٥

بَخِتْ

عَلى التَّخِتْ مَالَهُ بَخِتْ

دَائِماً يَسْحَلَ وَعَلى الأرْضِ يَتَدَحْدَلَ عِنْدَ الوَقِتْ

خَلَصْ يَكْفِي امْعاقَبِهْ يَبُو لِحْبَيْبانْ

إشْتَري وَنَامْ عَفَرْشَةِ مَيْ

تَرْكَبُ أمْواجَ النَّومِ بَحْراً بِلاَ طَيَرانْ

فَتْلَةِ ظَيْ بِالمِدِّ صَحْوَةَ لَرُؤْيَةٌ بِرَيْ

حسام حمدان

كفر راعي / بوسطن

٢٠٢٣/٩/١٨

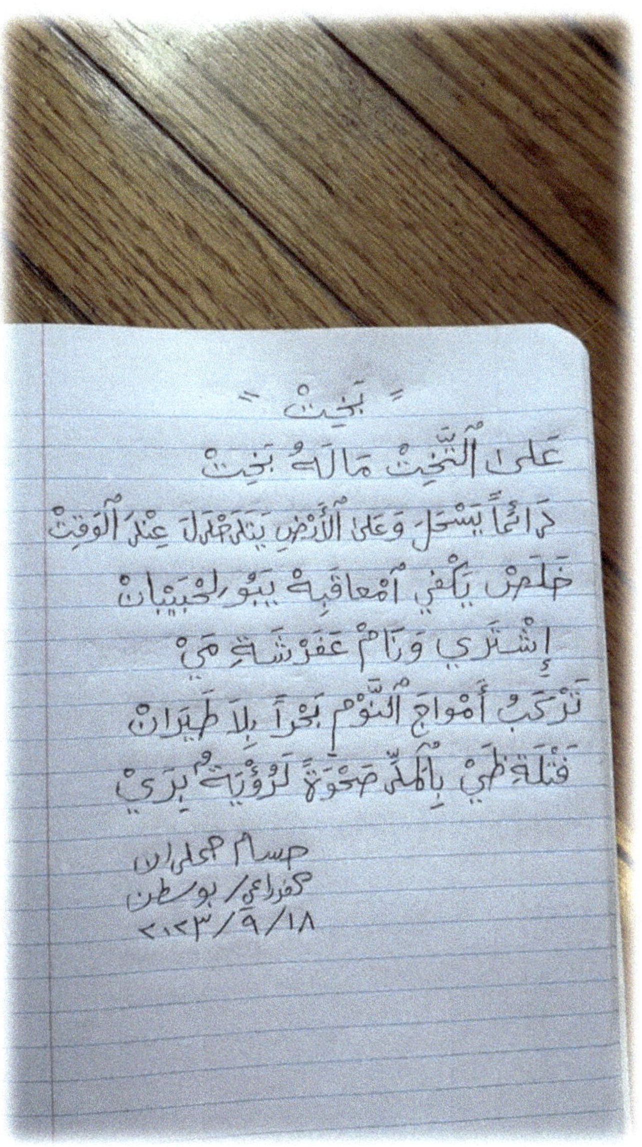

" بُخَيْت "
عَلَى التَّخْت مَالَهُ بُخَيْت
دَائِمًا يَسْهَل وَعَلَى الْأَرْض يَتَنَقَّل عِنْد الْوَقْت
حُلْمٌ يَكْفِي أُمّ عَاقِبَة يَبُو الحِينِيَان
اشْتَرَى وَرَام عَفَرْشَة مَيّ
تَرْكَب أَمْوَاج النَّوْم بَحْرًا بِلَا طَيَرَان
فَلّة ظَمِي بِالمَى صَحْوَة لَرُؤْيَة بَرِّي

حسام حجلان
كفراعي / بوسطن
٢٠٢٣/٩/١٨

صُبِحْ

صِحْيَتْ وَصَحَّتْ جُوزْها بِبَسْمَةِ صُبِحْ

عَقْدَتْ زِنَّارْها عَوَسْطِ ثُوبْها الفِلِحْ

سَرَحوا لِلعمارَةِ وَبِطَلِّتْهُمْ زَرْعٍ فِرِحْ

عَشِّبْ حَوالِيِّ خَلِّيني أَمْتَدُ وَأُستَرِحْ

بِالظَّهيرَةِ فَيّةْ زَتُونَةْ هَواها لِعِبْ مِرِحْ

حسام حمدان

كفر راعي / بوسطن

٢٠٢٣/٩/٢٣

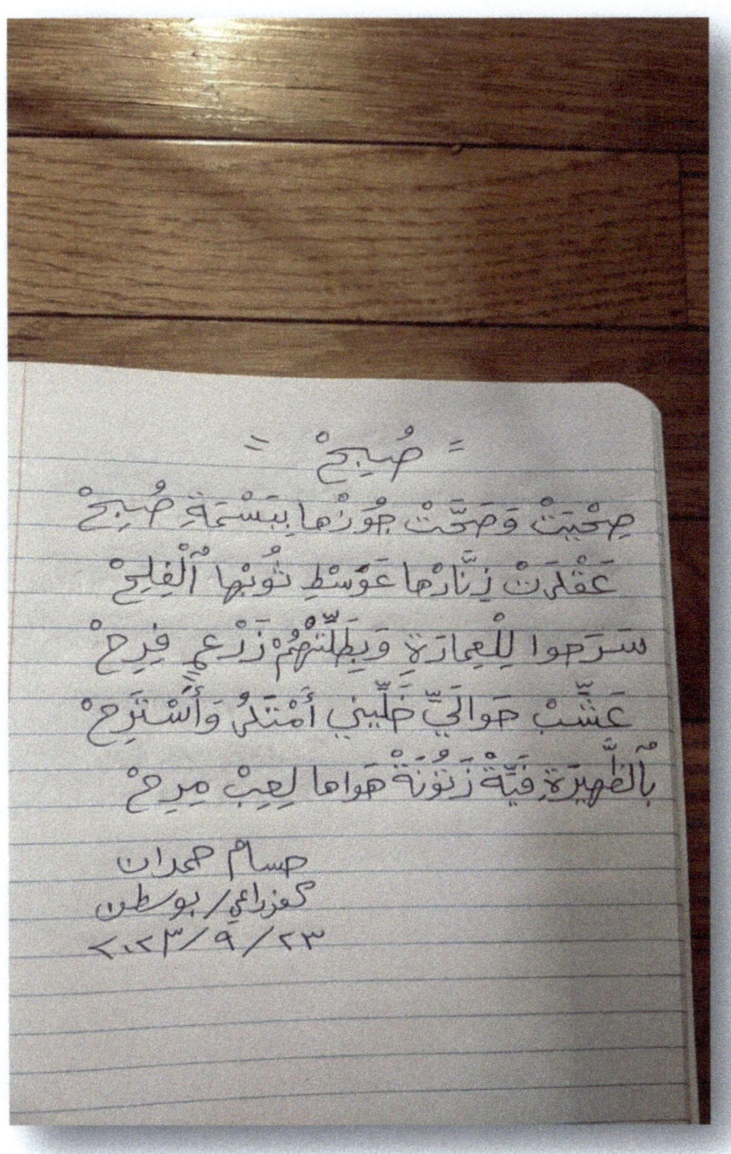

صُبْح

صحيت وصحّت حورها بسمة صُبْح
عقدت زنّارها عوسط نونها الفالح
سرحوا للعمارة وبطلّتهُم زرع فرح
عشب حوالي خليني أمنّي وأشترح
بالطهيرة فيّة زنونة هواها لعب مرح

حسام حمران
كفرزراعي / بوطن
٢٠٢٣/٩/٢٣

دَعَاميصْ

بِحَنانِ أَبَوَيْهِمْ عَاشُوا دَعَامِيصُ بَيْتِهِمْ

كَمْ أَخَذُوهُمْ بِصَنْفَةِ ثِيابِهِنْ وَقَنابِيزِهِمْ

أَرُوهُمْ فَقْساتَ البَيْضِ وَمَوَاليدَ الأرانِبْ

فَكَيْفَ لَا يَحِنُّونَ لَوَطَنِهِمْ بِبِلَادِ الأجانِبْ

ثَقَافَةُ وَعَاداتُ شَعْباً بِها الحُرُّ لَا يُضَامْ

حسام حمدان

كفر راعي / بوسطن

٢٠٢٣/٩/١٢

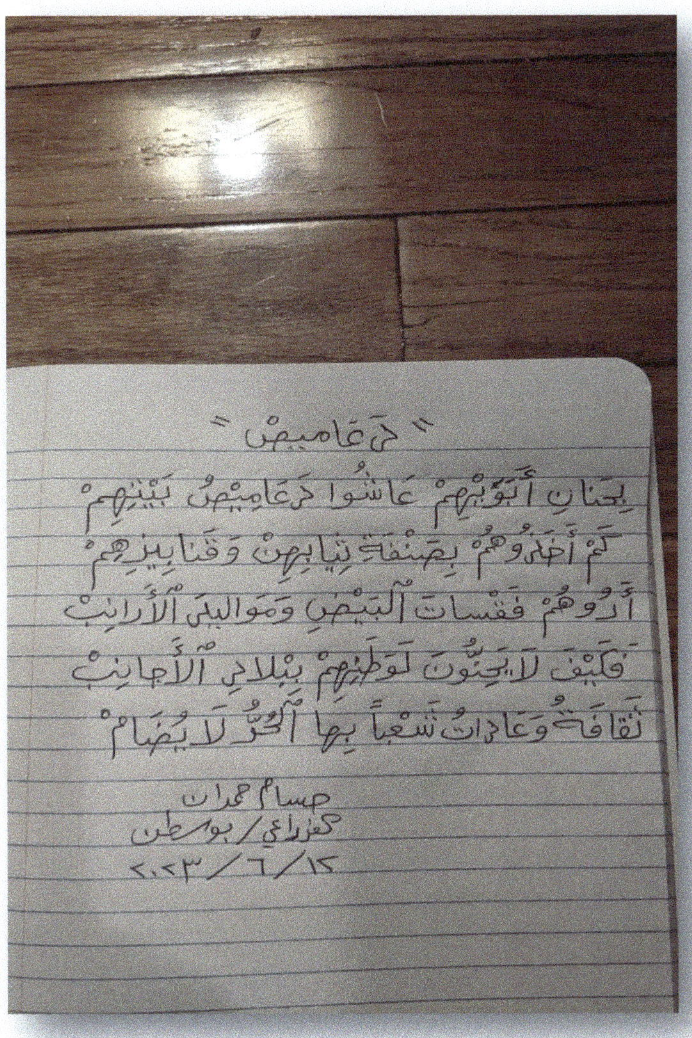

" في عَامِيضٍ "

حَنان أبويهم عاشوا في عَامِيضٍ بَيْنَهُم
كم أخذوهم بصنفة ثيابهن وقنابيزهم
أدّوهم فقفسات البيض ومَوالي الأرانب
فكيف لا يحنّون لوطنهم ببلادي الأجانب
ثقافة وعادات شعباً بها أكبر لا يُضام

حسام حمران
كفرزاعي / بوطن
٢٠٢٣ / ٦ / ١٢

وِشَايَةْ

سَألَتْ مِسيلَةْ سَاعَتْ وِشايَةْ بِلَبِّصٍ خَبَرْ
كَنادِر فَاضْيِهْ عَطُولِ الطَّريقْ

حسام حمدان

كفر راعي / بوسطن

٢٠٢٣/٨/١٠

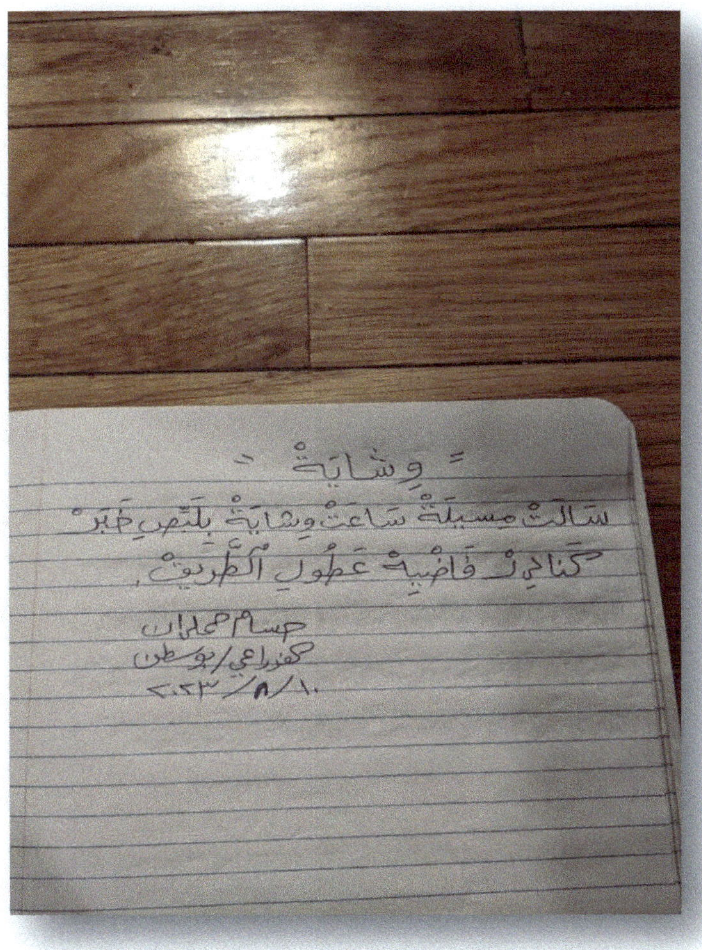
وشاية
سألت مسيلة ساعت وشاية بلّكمن خبر
كنائني فاضية عطول الطريق
حسام محمدان
كفر داعي / وطن
٢٠٢٣ / ٨ / ١٠

مُبارَكْ

تَحْتَ الغَدَقَ الوَدوقَ نَدْعوكَ

تَحْفَظْنا بِظلِّكَ إلى الهُتانِ مبروكْ

عِيدْ نَبوي سَعيدْ مُبارَكْ

حسام حمدان

كفر راعي / بوسطن

٢٠٢٣/٨/٢٦

مُبارك
تحت الغلاف الودوق نم عواك
تحفظنا بظلك إلى الهنا مبرور
عيني نبوي سعيدين مُبارك
حسام حمليان
كفرراعي / بوطن
٢٠٢٣/٩/٢٦

مَغارْ

تَلاشى الصَّوتُ كَانَ يُنادي فَجْأةٍ.......جَاهِزْ؟

مَغارُ الهِيشُ ذِكْرَياتٌ تَهيشُ تَعيشُ

خَفِيٌّ خَفيفُ الصَّوتِ يُنادِي ...... خَيوِزْ إعْطيني عَاوِزْ

لَبَّيْتُ حَسَّيتُه خَيْس لِبِسْني عَبَسَ تَيْس

يَتَغَيَّرُ الزَّمانُ وَيَبْقَى المَغارُ كَأسُ مَيَّةٌ بِالقُرصِ فَوَّارْ

حسام حمدان

كفر راعي / بوسطن

٢٠٢٣/١٠/١

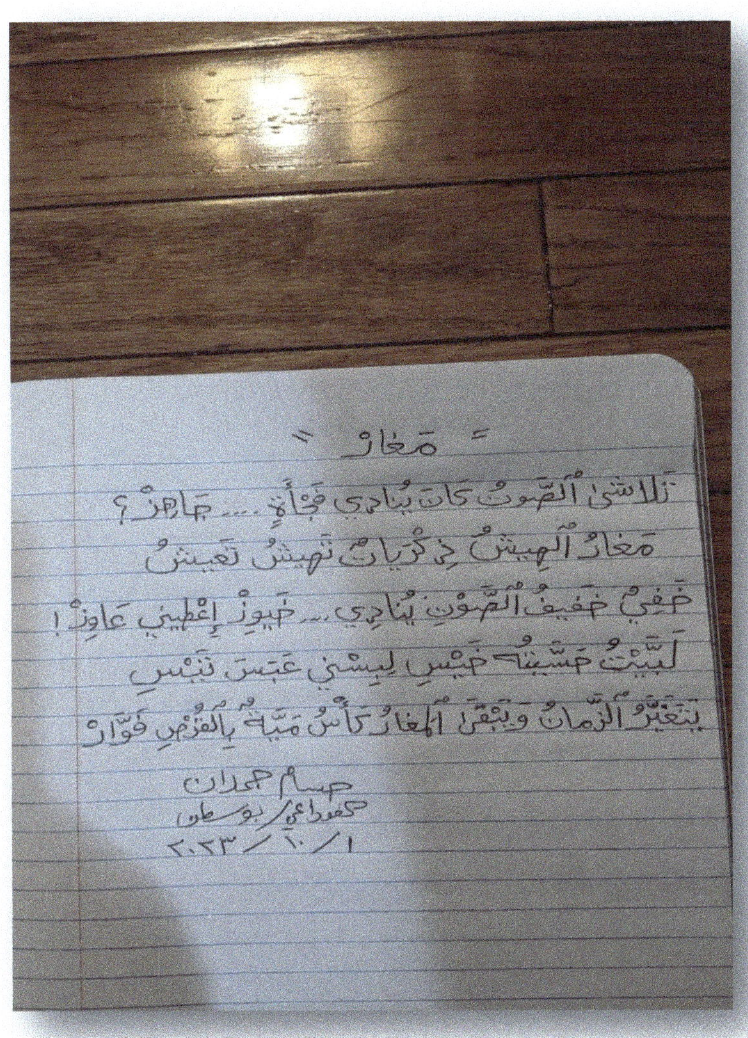
" مَغاز "
تَلاشَى الصَّوتُ كان يُناديني فجأةً ... جاهزٌ؟
مَغازُ العيشِ في ذكرياتٍ تعيشُ تعيشُ
خفي خفيفُ الصوتِ يُناديني ... خيورٌ أعطيني عاوزٌ!
لبيتْ حسبناهُ خميسٍ ليبشني عَبسَ تنيس
بتغيّرُ الزمانُ ويبقى المغارُ كأسُ مَيّهْ بالفُرنِ فوّارْ
حسام حمدان
كفر عمّي بوسطن
٢٠٢٣ / ١٠ / ١

مِعْيارْ

عِيُونَّا كَانَتْ مِيزانْ

كَفَّاتْ إِيدِينا كَانَتْ عِيَارْ

عِيارِ مِيزانْ مِعْيارِ بَخْسٍ وَعَدلٍ بِدَارْ

عِنْدَنا وَقَّعَ العَدْلِ عِنْدَهُمْ عَلَّقَ إِنْظَارْ إِنْتِظارْ

حسام حمدان

كفر راعي / بوسطن

٢٠٢٣/١٠/٢

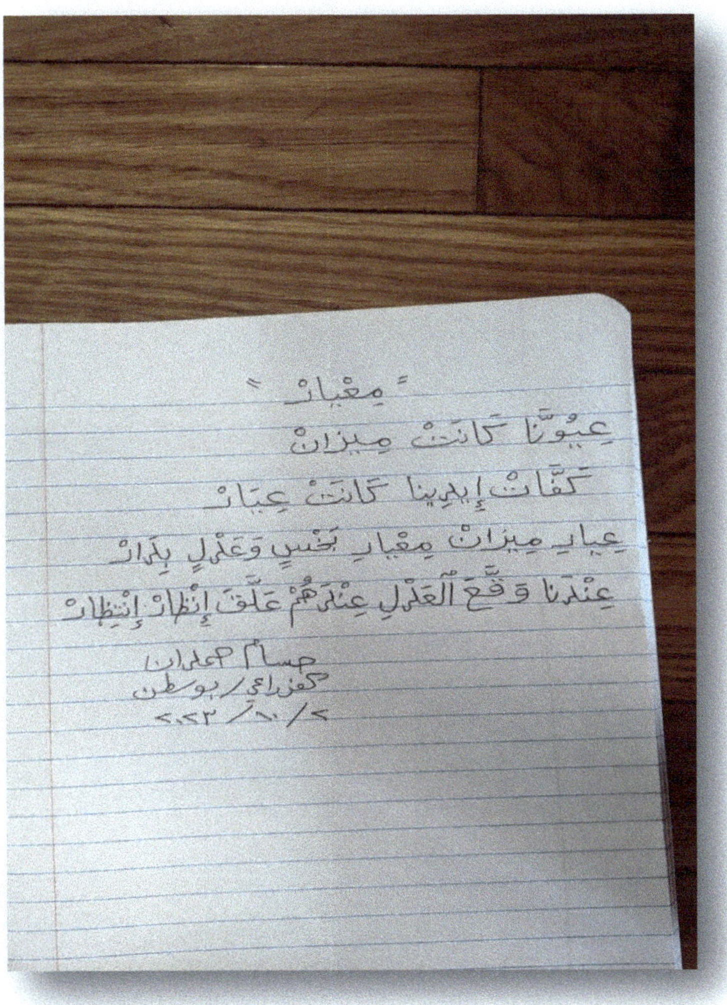

" مِغْيانْ "

عِيُونَا كَانَتْ مِيزانْ

كَفَّاتْ إِيدِينَا كَانَتْ عِيَانْ

عِيَارْ مِيزانْ مِغْيارْ بَخْسٍ وَعَثْلٍ بِكَانْ

عِنْدَنَا وَقَعَ الْعَدْلِ عِنْدَهُمْ عَلَّقْ إِنْظانْ إِنْظانْ

حسام معدان
كفرراعي / يوطن
٢٠٢٣ / ١٠ / ٢

وَطَاطِي

كُنَّا نَنْتَظِرُ المَطَرِ قَبْلَ خَرْطِ زَيْتونْ الأَرْض

حَبَّهُ بِنْصَحِ وَبِالدَّرْسِ زَيْتَهُ بِوَقَّع

سِنينْ حَالَفْنا الحَظّ أُخْرى نَصيبَنا زَيتْ الجُولِ

زَيتُهْ زَتُونْ لِلْحُرِّ سَيَّرْ قُطامِي

شَجَرُهْ زَيتون مُخَيِّمْ مُزَيِّنْ وَطَاطِي

حسام حمدان

كفر راعي / بوسطن

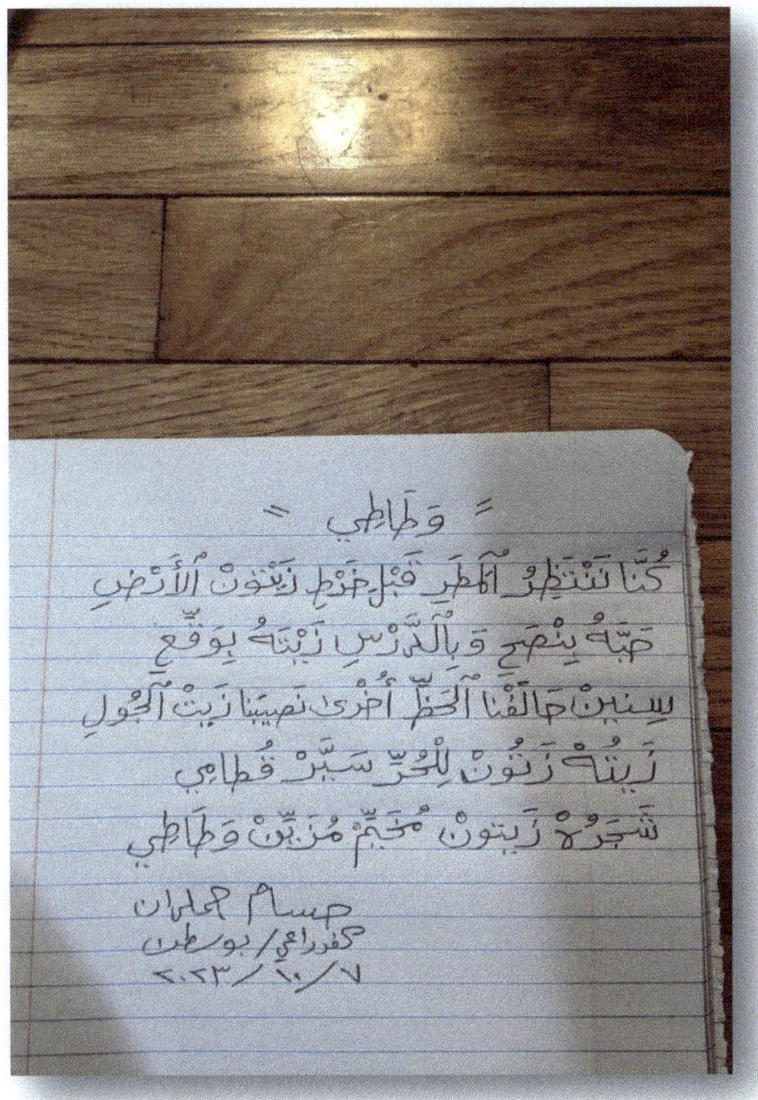

= وطاطي =

كنا ننتظر المطر قبل خرط زيتون الأرض

حبّة ينضج و بالكرس زينه يوقّع

سنين خالفنا الحظ أخرى نصيبنا زيت الجول

زيتك زيتون للحر سيّر قطاطي

شجرة زيتون مخيّم من بيّن وطاطي

حسام حملان
كفر راعي / بوطن
٢٠٢٣ / ١٠ / ٧

مِكاكاتْ

إِلِّي حَسِبْناهُمْ رِجالْ طِلِعْ بَيضْهُمْ

خَداجْ إِمَّذِرْ بِزِلَّةِ زَلالْ وَفَاهِي صَفارْ

دِيوكْ مَمْعُوطَةِ الذَّنَبْ

وَجاجاتْ عَتاقِي وَناشِزاتْ

حَيا اللَّهْ يَا مِكاكاتْ بِالصِّيراتْ

فَسْواتْ بِالهوى فَاسِدونْ وَفاسِداتْ

حسام حمدان

كفر راعي / بوسطن

٢٠٢٣/١٠/١٤

" مِكاكات "

إِللّي حَسِبْناهُم رِجال طلع بيضرهِم
خلّاع إقضين برّتة زلان وفاهي صفان
ديون مَضغوطة الدّيّنت
وجاجات عَناقي وناشزان
حيا الله يا مكاكات بالقّصيرات
فسّوات بالهّوى فاسدون وفاسدرات

حسام حوران
كفرزراعي / بوسطن
٢٠٢٣ / ١٠ / ١٤

حَيَوانْ

أيَّ حَيوانْ عَرَفْتَني وَتُعَرِّفُني

بَرِّيٌ أَليفٌ مُهَجَّنٌ مُعَجِّنٌ إحتلالٌ؟

البَرُّ وَالجَوُّ وَالماءُ عَرَفَني قَبْلَ مَا وُجِدَّتِ

حِصارُكَ وَحُكْمُكَ الغاشِمُ العابِثُ نَعْرِفُكَ أَنْتَ

سَأَبْقى البَرِّيُ أَجوبُ لَحُرّيَةُ وإسْتِقلالُ دَاري

حسام حمدان

كفر راعي / بوسطن

٢٠٢٣/١٠/١٤

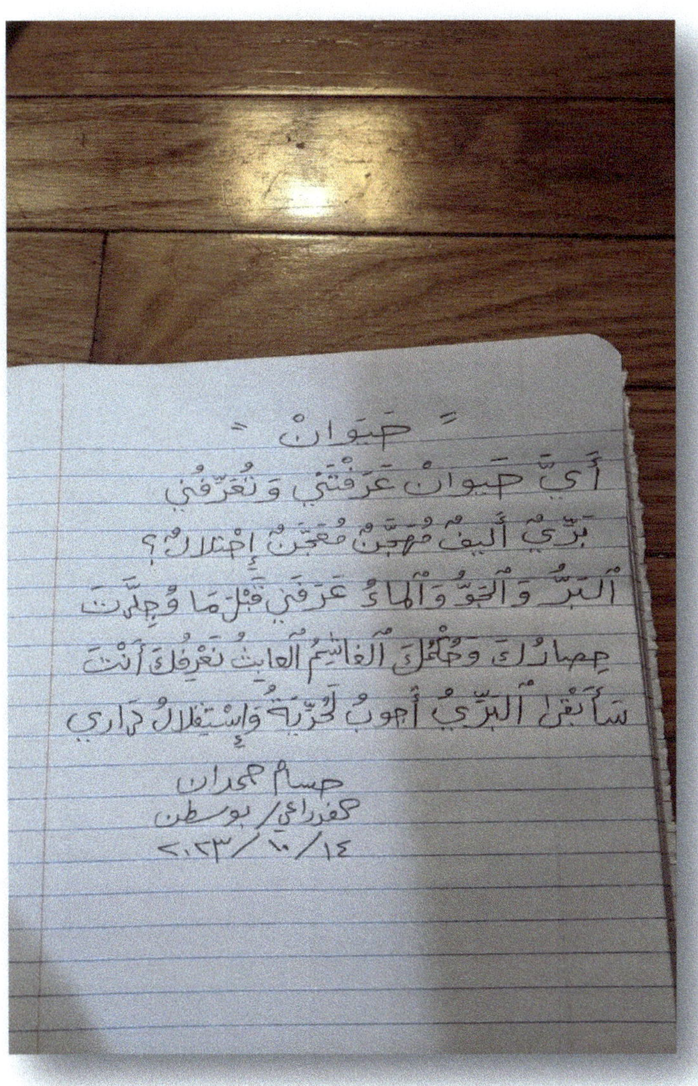
" حيوان "
أَيّ حيوان عرَّفتني وَنُعَرِّفني
بَرّيّ أليف مهجّن مُعجَّن إختيار؟
البَرُّ والجَوُّ والماءُ عرَّفني قبلَ ما وُجِدَّت
جِهاتُك وكلُّ الغاشِم العابِث نُعَرِّفُك أنتَ
سأبقى البَرّيّ أجوبُ لحُرّيّة واستقلال خاري

حسام حمدان
كفراعي / بوسطن
٢٠٢٣ / ١٠ / ١٤

أَدْرَى

أَعْرِفُ قُدْرَتي هَالقَدّ

فَلاَ دَاعي بِاللَّطْم عَالخَدّ

مَعْرِفَتي خَيْراً وَبِقَدْرَةٍ قَدْ تُغَيِّرُ القَدَر

حسام حمدان

كفر راعي / بوسطن

١١/١٠/٢٠٢٣

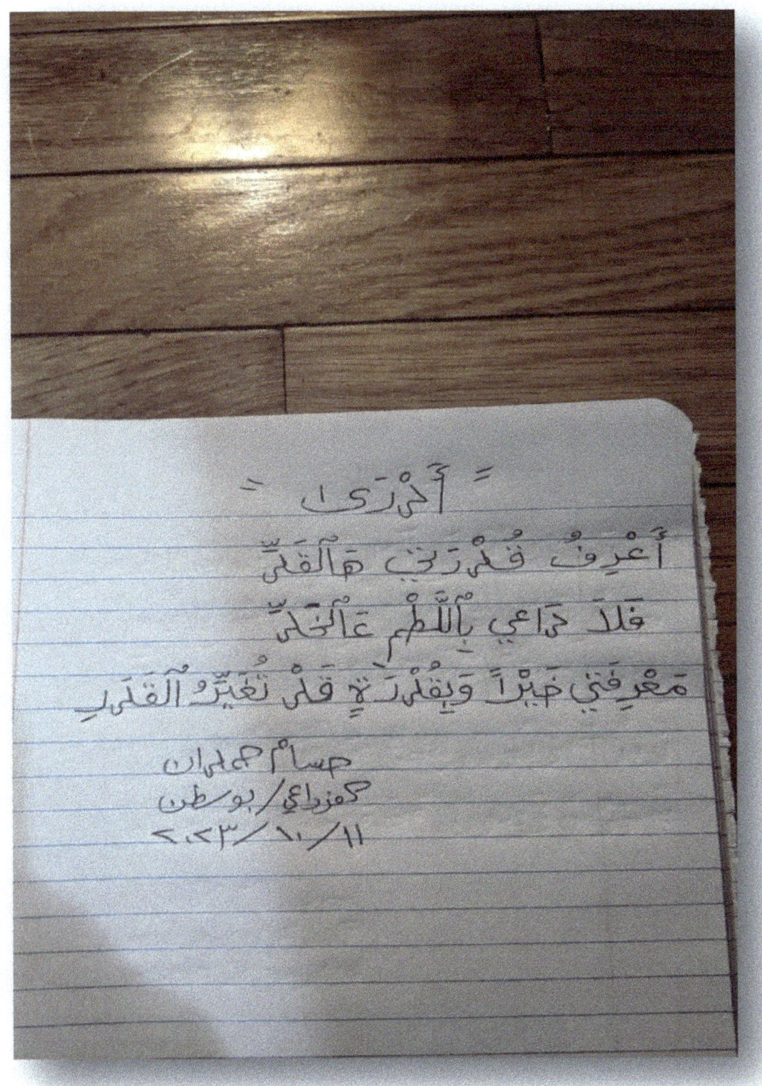

" أُخْرَى "
أَعْرِفُ فِي رَبِّي مَا لَقَى
فَلَا خِدَاعِي بِاللَّطْمِ عَالِنِّي
مَعْرِفَتِي خَيْرًا وَيَقِينًا قَلْ تَغَيَّرُ القَدَر
حسام حمدان
كفرزعاعي / وطن
٢٠٢٣ / ١٠ / ١١

طِفِلْ

مَا أَثْقِلِ آلهَمَّ إنْتِظاراً بلاَ علَم

إنْ مَا رَفْرَفَ الطَّيْر عَلى الأَرْض هَام

هَوِيِّةِ طَفْلٍ تِصرَخ بَيْنَ الرَّكامْ

رَحيماً مُقْتَدِراً فِكْ الحَصارَ حِلْ الخِصامِ

حسام حمدان

كفر راعي / بوسطن

٢٠٢٣/١٠/١٤

= طِفْل =

ما أَثْقَلَ الهَمَّ انتظاراً بلا عِلْمِ

إنّ ما تَفْرِف الطَّيْرُ على الأَرْضِ هامِ

هويَّةُ طِفْلٍ تَصْرُخ بَيْنَ الرُّكامِ

تَحيا مُقْتَدِراً فِلْ الحَمامُ حِلَّ الخِصامِ

حسام حمدان
كفرزاعي / يوسطن
٢٠٢٣ / ٦ / ١٤

بشمس الخريف أنا وسرب الطيور على شط المحيط، اثرنا على
الرمل خطوات يداعبها الهوى من بعيد. ما دمت حرا أسبح وطير.
حسام حمدان
كفرراعي/بوسطن
٢٠٢٣/١٠/٣

حتى شكل بعض ٱلأشياء ٱلتي تعودنا عليها قد تغير مع ٱلزمن. على سبيل ٱلمثال هذا ما حدث لحبة ٱلفراوله ٱلتي إشتريتها اليوم. ٱلطعم نفسه وٱلعصير أكثر ولكن ٱلشكل تغير هندسيا كما في ٱلصوره.

حسام حمدان

كفرراعي/بوسطن

٢٠٢٣/٦/٤

طغيان بأكل الطعام:

كل إنسان على الأرض معرض أن يطغى او يطغى به أو فيه أو عليه من عدة مصادر. من ذلك قد يطغى الفرد بأكل طعامه الذي حصل عليه من تعب يديه أو من صدقه/إحسان عليه أو من هبة/هدية أو من شرائه كما يقول الله

"كلوا من طيبات ما رزقناكم ولا تطغوا فيه فيحل عليكم غضبي ومن يحلل عليه غضبي فقد هوى".

ندرك أن الآية فيها إباحة وتحذير ووعد من الله بنفس الوقت. نلاحظ أن الله استعمل كلمة تطغوا لأهمية وجدية الأكل بحياة الإنسان، بدون أكل طعام يموت وينقرض الإنسان على الأرض وذلك يخالف سبب خلقه ليعمر الأرض ويعبد الله. فكلمة طغيان المشتقة تعبر عن مضمون ومحتوى عالم كبير.

فالإنسان يطغى بالطعام عندما يأكله بإسراف، بشراهة، فوق الشبع، بوهارة أو بهدر وإهمال. فإن حصل ذلك يغضب آلله وقد يؤدي غضبه إلى أمراض بالجسم-فقد هوى.

اكل الطعام يؤثر على عقل وفكر وقلب وأحاسيس الإنسان. لذلك أوضح آلله له عبر الرسالة النبوية أسس وأصول وأخلاق وتعاليم للتعامل مع الطعام وأكله. كل ذلك ليحظى الإنسان بطاقة وحيوية وسلامة وصحة جسم تساعده وتعينه على السعي في الأرض ليعيش بكرامة وحرية واستقلالية وسلام وعمران.

فما وكيف ومتى ومقدار ما نأكل قد يقرر رضا أو غضب الله.

كذلك قلة الآكل أو حرمانه فيها طغيان.
قد نقول بأكل الطعام عباده، لذلك كن واعي وحريص ولا تكن
عشوائي وغافل بأكل طعامك.
حسام حمدان
كفرراعي/بوسطن
٢٠٢٣/٦/٦

قعدة:

وأنا قاعد برا على قصعة الخشب، عر قدامي مولود جديد من الحشرات. أعجبني لونه وعرته فأخذت صورته. الله أعلم ما دوره وهدفه بالدنيا، فتركته حرا طليقا يدور ويعيش.

حسام حمدان

كفرراعي/بوسطن

٢٠٢٣/٦/١٨

فوج الصيصان:
بعض ما أدركناه من خلال تربية فوج الصيصان أنه "أكل ومرعه وقلة صنعه" يوجد عادة وسلوك التفشش والتمرد. حتى بعض الصيصان عندها زعرنه. كم أخذناهم إلى الصيرة والقطاين يعيشون ويبحثون عن قوتهم.
حسام حمدان
كفرراعي/بوسطن
٢٠٢٣/٦/٢٤

تداول كلمة الحق. عندنا:

عشنا وتربينا وكبرنا ونحن نسمع بيننا بتداول كلمة الحق:

1وللّه يا عمي إذا إلك عنا نتفة/ذرة حق خذها

٢ -معاك حق، عنده حق، على حق

٣-حققك علي

٤-أكال حق، ميكل حقي

٥-أقعد بقعد للحق

٦-حقاني، محقوق

٧ -يتعدى على حقوق الأخرين

٨-حققوا معاه بالحق، بعرفش الحق

٩-تنازل عن حقه، تتنازلش عن حقك

١٠-آخ

رتي بوخذ حقي

حسام حمدان

كفرراعي/بوسطن

٢٠٢٣/٧/١

سردين :

منذ الصغر ولغاية الآن بيجي على بالي أكلة سردين، خاصة المجهز بزيت الزيتون. عصرت عليه ليمون مع شقفة بصل وحبات زيتون وقرون فليفله مخلله قدر ما يكون. أكلت الوجبة بأيدي وعادت للجسم الشهية وقنعت العيون. عادة بجوع حالي مزبوط لأحظى بلذة الطعم بعلبة سردين.

حسام حمدان

كفرراعي/بوسطن

٢٠٢٣/٧/١٣

الثورة إللي ما بتخليك ترقص وتغني تهتف وتصيح بالشوارع والحارات ليست

بثورة، بل أنها إنتهازية ديكتاتورية تميل حيث يميل ريح الغريب.

ثورة الأصول بالاحتواء لا تبالي، هدفها إستقلال فاقع اللون وبالحرية يسطع

بألوان.

ربنا خلق نعمة الألوان ويحب أن يراها على وفعل الإنسان.

حسام حمدان

كفرراعي/بوسطن

٢٠٢٣/٧/٢٢

الصف السادس الابتدائي:

على زماننا كان الصف السادس الابتدائي له هيبته وقيمته ويحسب له حساب. حيث كان يمثل مرحله انتقالية من الابتدائية إلى الإعدادية، ومن القرع إلى ترباية شعر الراس .

مواده كانت صعبه وياما طلاب رسبت مرات. والناجح كان يشعر وكأنه ترقى وحصل على منصب وخلص من المعايرة. مرحلة نمو وتطور بالمسؤولية والجدية وبداية مشوار النضوج والمغامرة بالحارات والمناسبات والأسواق والعمائر. كم احاول أن أتذكر بذلك الصف.

ها أنا على درجنا وبمنتصف الصيف وبعد نجاحي بالصف السادس الابتدائي.

حسام حمدان

كفرراعي/بوسطن

٢٠٢٣/٧/١٩

ذكرى:

صورة جزئية لبير/بئر دارنا مع قصعته وساحته وسنسلته–اسمه البيدر. كان بأرضية الساحة بلاط(صخر) طبيعي ومنه طريق ضيقة تؤدي إلى الصيرة وقطاين وذرعان وحبايل اللحف. الطبيعة نحتت بالصخر مكور لطيور وبالربيع كان يخرج منه وحوله نوار. عرايس وعرسان إنصمدوا ظهورهم السنسلة الجهل باسم التسهيل جرف الصخر ووسع الطريق ومحى ذكريات القعدات وآثر الخطوات والمشاوير طوال السنين.

حسام حمدان

كفرراعي/بوسطن

٢٠٢٣/٩/٢١

مشية عصريه حول الدار.....سفن وقوارب بالميه وسفينه بين غيوم الجو.
تستريح النفس وينتعش الفكر.
خطرت على بالي وتذكرت قول هألولد بتراثنا "وين ما رحت خفيف ونظيف،
عليك تعزمني عالعرس، بجيب قوتي ونقوطي معاي".

حسام حمدان
كفرراعي/بوسطن
٢٠٢٣/٨/١٣

شبشب:

صغار شب شايب الكل لبس شبشب. بأشكال وألوان واحجام سهل للبسه وخلعه بدون تفكير وتجهيز وانتظار. تتعرى وتتهوى الرجل بمنظر الأصابع والكعب.
إنماشى به بالشارع بسرعة، صوت المشية كخفقة جنحين طير قرب عمرة. من بالداخل لملم حاله عنتر الدار رجع من مشواره. ناس استعملت وتستعمل الشبشب أداة توبيخ تهديد وردع. انفتلت عقارب وحيايا وجنادب، انضربت مؤخرات ولطت وجوه، وهشت به على حشرات طايره بتهجم ولا اعتبار لحدود وحرمة بيوت.
نرى شبشب على عتبة بيت، ندرك بالحال أحدا بداخله يمان عليه وبالطلب يشب شب.
حسام حمدان
كفرراعي/بوسطن
٢٠٢٣/٧/٢٣

حظ:

وجه القمر الليلة شقحتين بطيخ، داخلات شويه ببعض وضوه اصفر على حمار لامع. تمعنت فيه وآلله أعلم ما رطنت. قبل شويه ١٥:١١ ليلا اختفى. لنا بالقمر علامة ورؤيا وأشهر، لعله جاء بحظ اوفر فرحة عيون دموعها من ماء الكوثر .

حسام حمدان
كفرراعي/بوسطن
٢٠٢٣/٧/٢٦

تكتيك:

كنت شرى عدس وبصل، كل ما فرمت راس البصل دموع عيني نزلت، لذلك بعتهم.
الان قايمه وقاعده، اشتريت ثومه وباميه. بهن بتعدل النوم، واللي بكومة سبات بقوم.

حسام حمدان
كفرراعي/بوسطن
٢٠٢٣/٨/٦

هِدايَة

بِالفَجْرِ جَاري أَقْرِعْ يَا جَرَسْ

صَحِّي ٱلنِّيامَ وَٱلحَرَسْ

أَهْديهِمْ مُهْتَدونْ لاَ خَوْفٌ عَلَيْهِمْ وَلاَ هَمْ يَحْزَنونْ

ٱلمُهْتَدينْ بِالعَدْلِ لَلْعَدْلُ وَٱلعَدْلِ يَفْعَلونْ

حسام حمدان

كفرراعي/بوسطن

٢٠٢٣/١٠/١٤

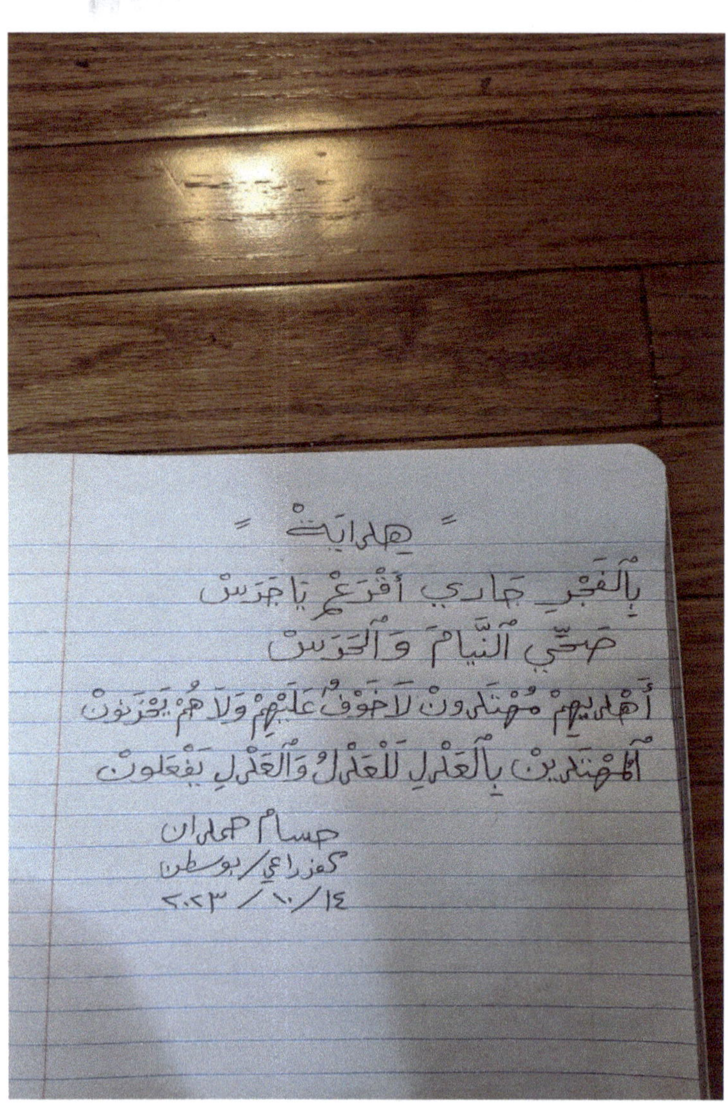
= هدى آية =
بالفجر جاري أقرعُ يا جرس
صحّي النيّام والحُرّس
أهل اليوم مؤمنون لا خوف عليهم ولا هم يحزنون
المؤمنين بالعدل للعدل والعدل يفعلون
حسام حملان
كفر زراعي / بوسطن
٢٠٢٣ / ١٠ / ١٤

الفهرس

إهداء ١

تمهيد ٢

قَطايِنْ ٣

وَلُوجْ ٥

غِبْطَة ٧

وَزيرْ ٩

مَرْحَبْتينْ ١١

طُلُقْ ١٣

قُدَّامَكْ وَراكْ ١٥

جَبَلْ ١٧

طُيورْ ١٩

حِلُّوا عَنَّا ٢١

قَمْحَة ٢٣

بَلاءْ ٢٥

زَمَكْ ٢٧

نَفْسْ ٢٩

وِرْثَةْ ٣١

صُرْمَايةْ ٣٣

إلْتِفافْ ٣٥

فَاكِهَةْ ٣٧

بيْنَنا ٣٩

شَعْبْ ٤١

تَبَاتْ لَنَبَاتْ ٤٣

إتْحَفِشْ ٤٥

تَعْميمْ ٤٧

لَلَيشْ ٤٩

بِدْنا ٥١

تَحَمُّلْ ٥٣

تَعِجْ ٥٥

مَالَكْ ٥٧

رَحِمْ / ورم ٥٩

رُوحْ ٦١

عَالبارِدْ لْبَرَّدْ ٦٣

شَغَفْ ٦٥

عَلَفْ ٦٧

بِيوتًا ٦٩

مَقَراً مَفَراً ٧١

زَائِرْ ٧٣

وَرْدَةْ ٧٥

وَيْنَكْ نَظَرْ ٧٧

مَعَزَّةْ ٧٩

وِجْهَةْ نَظَرْ ٨١

صَباحْ ٨٣

مُعْجِزَهْ ٨٥

وَصِيِّه ٨٧

دِسْدِسْ ٨٩

عَرَّافَهْ فَتَّاحَهْ ٩١

بوراً ٩٣

إخْتِصارْ ٩٥

تَمّ ٩٧

قاطعْناها مُقُاطَعَه ٩٩

وهم ١٠١

مَا بالإسِمْ ١٠٣

ضَرَّةٍ نَافِعَهْ ١٠٥

تَزَحْزُحْ ١٠٧

حُرِّيَةْ ١٠٩

رِيحانْ ١١١

صَبِيْ ١١٣

أَوْلى ١١٥

حُرْ ١١٧

عَرْض ١١٩

إثارَةْ ١٢١

مَشْيَةْ ١٢٣

أَيّ ١٢٥

سَلّهْ ١٢٧

نَفْسي جَنّتي ١٢٩

وَهَمْ ١٣١

ضِيزى ١٣٣

شَرْوَةْ ١٣٥

إِعْتِذَارْ ١٣٧

هَلْ يَا تُرى؟! ١٣٩

اقْتِحامْ ١٤١

صَامِداً ١٤٣

طَقْسْ ١٤٥

يَانْسونْ ١٤٧

بَيَّارِةْ ١٤٩

سَاعَةْ ١٥١

جَعْصَةْ ١٥٣

رَجُلْ الْجَنَّه ١٥٥

بَيَّاعْ ١٥٧

شَنْصْ ١٥٩

غَضَّهْ ١٦١

عَادِتْنا ١٦٣

الدُّنْيا ١٦٥

عَيْنْ ١٦٧

حِمارْ وَديكْ ١٦٩

كَرَمْ ١٧١

تِينْ ١٧٣

رَمادْ ١٧٥

بَخْتْ ١٧٧

صُبِحْ ١٧٩

دَعَاميصْ ١٨١

وِشايَةْ ١٨٣

مُبارَكْ ١٨٥

مَغارْ ١٨٧

مِعْيارْ ١٨٩

وَطاطِي ١٩١

مِكاكاتُ ١٩٣

حَيَوانُ ١٩٥

أَدْرَى ١٩٧

طِفِلْ ١٩٩

طغيان بأكل الطعام: ٢٠٣

قعدة: ٢٠٥

فوج الصيصان: ٢٠٦

تداول كلمة الحق٠ عندنا: ٢٠٧

سردين: ٢٠٩

الصف السادس الابتدائي: ٢١١

ذكرى: ٢١٢

شبشب: ٢١٤

حظ: : ٢١٥

تكتيك: : : ٢١٥

المملكة الأردنية الهاشمية
رقم الإيداع لدى دائرة المكتبة الوطنية
(2023/9/5238)

818.07

قَطايِن مِن بَلَدي / صبيح، حسام جميل. عمان: جفرا ناشرون وموزعون

2023

ر.إ.: 2023/9/5238

الردمك: 9-74-793-9923-978

الواصفات: الأدب العربي/ /العصر الحديث/

جفرا ناشرون وموزعون
عمان -الاردن
تلفون: 00962781332881 - مراد سارة
ايميل: muradsarah01@gmail.com